BREAK

to be new and different

打開一本書
打破思考的框架，
打破想像的極限

高寶書版

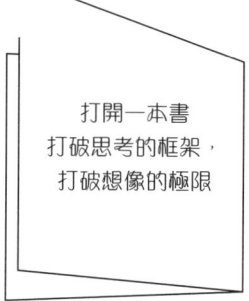

# 不迷惘的心

著名文化學者
費勇
著

用王陽明的5個減法哲學回到當下，
活出清醒自由的人生

高寶書版集團

CONTENTS

# 前言　一生只做一件事

陸澄問：「主一之功，如讀書則一心在讀書上，接客則一心在接客上，可以為主一乎？」

先生曰：「好色則一心在好色上，好貨則一心在好貨上，可以為主一乎？是所謂逐物，非主一也。主一是專主一個天理。」

——《傳習錄．陸澄錄》

人只有在創造文化的活動中，才成為真正意義上的人，才能獲得真正的自由；人的本質是永遠處於製作之中的；人性並非是一種實體性的存在，而是自我塑造的一種過程。因而，作為一個整體的人類文化，可以被稱作為不斷解放自身的歷程。

——凱西爾《人論》

*01*

王陽明有一個概念，叫「主一」，很值得我們重視。甚至可以說，明白了這個「主一」，一心去「主一」，這一輩子，不論你遇到什麼，你都能見到美好。按照王陽明的說法，只要你能夠做到主一，並且把主一這件事做好了，就什麼事都可以做好。

什麼是主一呢？《傳習錄》裡有一段陸澄和王陽明的對話。

陸澄問王陽明「主一」的功夫，比如讀書的時候，一心在讀書上；比如接待客人的時候，一心在接待客人上；這樣就是「主一」了嗎？

王陽明回答，這樣不是主一，而是逐物，跟著事物在跑；真正的主一，是不管做任何事，都專注在一個天理上。

這裡，王陽明把「主一」和專注、專一區分了開來。專一、專注是做具體事情的態度，而「主一」是你整個人生的方向和根本。如果整個人生沒有「主一」，那麼，在具體事情上再多的專注、專一，也不會讓你這一生有所成就，你的一生依然是打雜的一生。

王陽明在《傳習錄》裡反覆強調，只要你找到了一個一以貫之的東西，不論做什麼、做多少事，都是在做同一件事。他又說，這個一以貫之的東西，就好像樹的根；找到了根，就是找到了根本，你做什麼，都會讓生命之樹生長出綠葉；如果找不到這個根，無論你在綠葉上下多大的功夫，樹都會枯萎。

這個根，就是天理。主一，就是要為我們的生命找到根、找到根源，然後，一生都專一在這個根上。你的一生，就會像樹一樣枝繁葉茂；你的一生，就會脈絡清晰而色彩斑斕。找到了這個根，就不會在各種事務中疲於奔命，就不會在各種潮流中茫然無措。

# 02

王陽明從少年時代起就在尋求這種「一以貫之」、穩定不變的東西。十二歲的時候，他在上私塾，卻不好好讀書，總是和一群孩子玩兵法方面的遊戲。

他父親就訓斥他：「我們家世代讀書，你怎麼去玩這些？有什麼用呢？」

王陽明反問：「那讀書有什麼用？」

他父親回答：「讀書可以做大官，可以像我這樣中狀元。」

王陽明又問：「那麼，狀元可以傳多少代呢？」

他父親回答：「當然只能一代，我是狀元，不能傳給兒子。」

王陽明就說：「只能維持一代，那就沒有什麼好稀罕的。」

只有一代，就沒有什麼好稀罕的。

一個十二歲的少年，想要的卻是能夠超越時間的東西。

而在一年前，十一歲的王陽明寫出了這樣一首詩：「山近月遠覺月小，便道此山大於月。若有人眼大如天，還見山小月更闊。」

努力超越空間的局限，獲得一種更開闊的視界。

那麼，對於個人來說，怎樣才能超越空間和時間呢？還是在十二歲那一年，少年王陽明給出了回答。

十二歲的王陽明問私塾老師：「什麼是最重要的事呢？」

老師不假思索地回答：「讀書就是為了做官啊。」

但王陽明反駁說：「恐怕不是吧，應該是讀書做聖賢。」

梁啟超後來說：「這一問一答，問出了三百年的啟蒙思潮。」

梁啟超是從歷史的角度，評價了王陽明這個回答裡，所包含的「人人皆可成聖賢」的理念對於中國文化的重大意義。對於王陽明個人來說，這個回答奠定了他一生的基礎，也是心學的起點。

是做官，還是做聖賢（聖人）？聽起來好像只是做什麼的不同，但實際上差別巨大，會把人帶向完全不同的生存狀態。

## 03

做官，做聖賢，差別在哪裡呢？

做官，是把自己放在了既定的社會體制裡，一輩子按照這個體制的要求一步一步去走，是向外的追尋。

而做聖賢，是把自己放在了宇宙這個大背景裡，按照人應該成為的樣子去一步一步努力，是向內的追尋。

做聖賢這個理念，恢復了人類生存的基本智慧和基本常識：做人。

做人，是老子、孔子、佛陀、蘇格拉底、耶穌這些人類哲學典範的奠定者共同關注的出發點。

為什麼人生最重要的事情是做人？

第一，人在宇宙之中，是一種不確定的生物，是一種具有選擇意志的生物，也是一種中間狀態。

義大利文藝復興時期的哲學家皮科．米蘭多拉（Pico della Mirandola）在《論人的尊嚴》（*Oration on the Dignity of Man*）中把這個理念表達得十分透徹：「造物主把人這種形象未定的造物置於世界的中間，對他說：『亞當，我們沒有給你固定的位置或專屬的形式，也沒有給你獨有的稟賦。這樣，任何你選擇的位置、形式、稟賦，你都是照你自己的欲求和判斷擁有和掌控的。其他造物的自然一旦被規定，就都為我們定的法則所約束。但你不受任何限制的約束，可以按照你的自由選擇決定你的自然，我們已把你交給你的自由抉擇。我們已將你置於世界的中心，在那裡，你更容易凝視世間萬物。我們使你既不屬於天，也不屬於地，既非可朽，也非不朽；這樣一來，你就是自己尊貴而自由的形塑者，可以把你自己塑造成任何你偏愛的形式。你能墮落為更低等的野獸，也能照你靈魂的決斷，在神聖的更高等級中重生。』」

第二，人是一個未完成的生物製品，是宇宙裡的迷路者。我們生而為人，但還不是真正的「人」，不過是各種意識和體制的產物。所以，人生的唯一的目的，是要回到人本來的樣子，或者說，回到人應該有的樣子。

佛教把人應該有的樣子叫「佛」，所以，成佛是人生的最高目標。道家叫作「自然」，自然是人生的最高目標。儒家叫作「聖賢」，人生最高的目標是做聖賢。蘇格拉底用了「未經審視的人生不值得度過」這句話，表達了人並不是生下來就是人，人之所以為人，是需要經過審視的。

第三，做人的過程，並不是一個求取什麼的過程，而是一個把我們本來就有的東西挖掘出來，是一個回歸的過程。這個過程是我們自己完全可以掌控的。做官的過程，是去求取一個我們沒有的東西，是一個向外的過程。

做人，可以說是世間唯一我們可以自己掌控的事情，而做官之類的所有其他事情，都不是我們能夠掌控的。但人類的愚昧在於，我們把所有的目標和精力都聚焦在做官之類的無法掌控的事情上，而忘掉了我們唯一可以掌控的事情。

用廣告界的術語就是：我們每一個人本來都是好好的甲方，有自己獨一無二的資源和產品，不需要求取，自己就有能量，能夠吸引其他的資源；但是，我們偏偏選擇了乙方的活法，不斷地去打探各類甲方的要求是什麼，然後根據甲方的要求，不斷地做方案，不斷地爭取為甲方服務的機會。做完一單，又去找新的甲方，提方案，求採購。周而復始，跟著別人跑了一輩子，什麼也沒有留下。

王陽明把這種乙方的活法，叫作「逐物」，而甲方的活法，叫作「主一」。這個「主一」的「一」，就是「做人」。

做人這一件事，就像水的源泉，就像樹的根，你把它做好了，水就會成為活水，源源不斷；樹就會成為活樹，生生不息。

# 04

王陽明心學最大的意義，就是提醒我們回到「做人」這個根本上來。

如何做人呢？

第一個原則：應該有一個高於世俗的人生目標。對王陽明來說，就是做聖賢。

第二個原則：應該為自己唯一的人生目標找到動力。王陽明一開始定位於心，認為心是我們做人的動力；最後定位於良知，認為良知是做人的唯一動力，只要把握了良知，就能把握這個世界的一切。

第三個原則：應該把日常生活中的全部事務當作自己唯一目標的實現手段。王陽明心學裡的「知行合一」、「事上練」，講的都是這件事。

十二歲的王陽明確立了「做聖賢」作為唯一的人生目標，成就非凡的一生。

縱觀王陽明的一生，在身體方面，他從小一直受到疾病的困擾，而事業上也非常地不順心，考試考了三次才考中，做官也是一路驚險，很多次遇到生命危險，但每一次都能化險為夷，王陽明將這些歸因為自己對良知的恪守。

王陽明一生做了很多事，去過很多地方，但他說他一生只是在做一件事。

在今天，王陽明心學最值得我們學習的應該是：如何把一生化繁為簡，一生只做一件事？

## 05

日本企業家稻盛和夫剛剛創立企業的時候，遇到年輕的員工「造反」，要集體辭職。在和他們的溝通中，稻盛和夫領悟到，經營公司只是為了實現個人的理想是不夠的，經營公司的根本目的是：永遠保障員工及其家人的生活，以公司員工的幸福為目標。

但這還不夠，在自傳裡，他這樣講述當時的心理轉變：「自己的人生只是為了養活照料員工嗎？作為社會的一員，應當有傾其一生而要承擔的崇高使命。因此，作為終生追求的理念，後來我又加上了『為人類社會的進步發展做出貢獻』這樣的內容。」「想明白這些後，心中豁然開朗。」

稻盛和夫的經營理念，其實就是確定了一個高於世俗的人生目標，這是他一生唯一的目標，其他都是手段。

後來他又以「精進六項」等一系列管理方法，來實現他的人生目標。而那些管理方法，如果我們仔細去探究，就會發現，其中的核心只是：做人。

稻盛和夫經營了好幾家上市公司，做了很多事，但他好像也是和王陽明一樣，一生只做了一件事。

在回顧自己一生經歷的時候，稻盛和夫有一句總結性的話：「人只要堅持正確的為人之道，整個宇宙都會幫助你的。」

## 06

我們很多時候陷入各種困境，總想著找到一個方法馬上解決，但結果往往是頭痛醫頭、腳痛醫腳，總是得到一點緩解，然後又周而復始，不斷地在煩惱裡循環。

比如，工作上遇到麻煩，人們可能會透過跳槽、打好人際關係等方法去解決；但如果不從根本上想清楚，自己想成為一個什麼樣的人，工作對自己來說意味著什麼，自己想從工作中得到什麼，在工作中可以為別人帶來什麼，那麼，工作中的困難就會一直存在。

婚姻也是如此，很多人不斷地離婚、進行心理諮商，但如果不從根本上想清楚，自己想成為一個什麼樣的人，婚姻對自己意味著什麼，自己在婚姻裡想要得到什麼，願意承擔的責任是什麼，那麼，婚姻問題也會一直存在。

美國著名的政治家和發明家富蘭克林，二十歲的時候就確立了一套終生奉行的「正見」，徹底解決自己的人生問題。

富蘭克林小時候的經歷並不順利，貧困、缺乏愛、沒有機會上學、離家出走、生意失敗，等等，但最後他成了一位偉大的政治家和發明家。

他在二十歲的時候，總結了自己過去很多的失敗是源於錯誤的生活選擇，因此，他決定為自己制訂一系列的道德原則，力求自己道德完美，並可以一輩子恪守。這些原則包括：

正義—不得損人利己。

節儉—不得浪費，任何花費要麼利人，要麼利己。

秩序—生活物品要擺放有序，工作時間要安排合理。

決心—要做的事一定下決心去做，決定做的事一定要完成。

沉默—避免無聊閒談，言談須對人有益。

真誠—不使用欺騙手段，考慮事情要公正，開口要言之有物。

中庸—避免極端傾向，儘量克制報復心理。

平靜─不為俗事所擾，包括常見的瑣事或者不可避免的事故。

貞節─若非為健康或繁衍後代，絕不縱欲，保持健康、神采奕奕，不損害他人或自己的聲譽或安寧。

謙遜─以耶穌和蘇格拉底為榜樣。

富蘭克林的這些原則，其實就是價值觀、世界觀、人生觀，就是一個人活在這個世界上的基本做人原則。

有一點很有意思，富蘭克林從小接受長老會的教育，但他不是一個宗教意義上的教徒，幾乎不去做禮拜，他不認為有值得終生踐行的道德原則。

但在二十歲的時候，他從自己本身出發，從源頭上整理了自己的生活，確定了自己的人生目標，找到了適合自己的價值觀，並把它們變成一套原則和生活方式，嚴格遵循，結果徹底改變了他的人生。

富蘭克林有一個習慣，就是隨身攜帶一個小本子，裡面是設計好的表格，每天都會一一記錄自己做到了哪些原則，沒做到哪些原則，還會抄寫各種格言。這種記錄的習慣，其實是每天整理一次自己的生活。

這個習慣很像中國明代袁了凡，也就是《了凡四訓》的作者，他每天都會記錄自己做的事情。袁了凡的例子，也能說明正見的重要性。

袁了凡想要改變自己的命運，首先確立一個「因果報應」的世界觀，無條件地相信自己的念力和行為一定可以改變自己的命運，然後制訂了一套詳細的生活原則，每天堅持去做。

富蘭克林和袁了凡，都是從源頭上為自己的人生找到徹底的解決方案。

## 07

我們常常不願意從源頭上去解決人生問題，總是為自己找很多藉口。比如，性格往往成為我們的藉口：「我的性格就是這樣的；我的星座是摩羯座，性格就是這樣，沒有辦法；我的生肖是兔子，性格就是這樣的，沒有辦法。」

這種性格決定行為的理念，阻礙了我們對於自我的認知，尤其阻礙了我們讓自己變得更好的動力。

但在佛學的理論裡，不是性格決定行為，而是行為決定性格。並不是因為你是摩羯座或天秤座，就有了一個固定的性格來決定你的行為，而恰恰相反，是你的行為在決定你的性格。

一個很小的行動改變，比如站的姿勢、坐的姿勢，等等，都可能會改變你的心態和精神面貌。

## 08

哲學家叔本華討論人的命運之所以不同，歸納出三個方面的原因：第一，人是什麼，就是廣義的人格，比如健康、力量、氣質、道德、理智、教養等。第二，人有什麼，就是財產和各種所有物。第三，一個人在他人的評價中處於什麼地位。

叔本華認為：「人生幸福首要的、最本質的要素，是我們的人格。」叔本華是在說：人生最本質的事情就是做人，而做人就是成就自己的人格。

「人是什麼」比「人有什麼」重要得多。在是否幸福這件事情上，一個人的人格、氣質、心態、信仰，比汽車、房子、珠寶等更為重要。也就是說，我們的個性才是最寶貴的財富。

我們會去追求物質、名譽，但我們更需要追求的是獨立而健康的個性。在今天這樣一個變幻莫測的時代，能夠讓我們應對變化的，並不是穩定的單位、職業或是財產，這些都靠不住；靠得住的，只有德行、思維方式、學習能力、心理承受力等自身的素質。

這些才是真正屬於我們自己的，能夠確保我們在險惡的塵世平安地生活。

## 09

所以，如果我們把握了做人這個根本，那麼，一生就很簡單，卻又很豐富，根脈清晰，枝繁葉茂。

所以，如果我們不能把做人這一件事做好，那麼，做再多其他的事也沒有什麼幫助。

# 一 種子法則

吾教人致良知，在格物上用功，卻是有根本的學問。日長進一日，愈久愈覺精明。世儒教人事事物物上去尋討，卻是無根本的學問。方其壯時，雖暫能外面修飾，不見有過，老則精神衰邁，終須放倒。譬如無根之樹，移栽水邊，雖暫時鮮好，終久要憔悴。

——《傳習錄·黃修易錄》

# 01——十二歲時，少年王陽明確立了「成聖」的志向

王陽明，原名王守仁，生於明憲宗成化八年（一四七二），明嘉靖七年（一五二九）去世，浙江餘姚人。他父親叫王華，是明成化十七年（一四八一）的狀元，做官做到南京吏部尚書。他祖父叫王倫（字天敘），應該是一個灑脫不羈的人，當時的人把他比作陶淵明、林和靖。王陽明的家族再往上追溯，可以追到西晉時期瑯琊孝子王覽，王覽的孫子就是東晉丞相王導。後王導的後裔王祜（祐）的六世孫王道遷居餘杭。再後來，王道子王補之又遷居上虞。王補之曾孫又移居到餘姚，成為餘姚王陽明家族的起源。

王陽明原來的名字叫王雲。據說在他出生前，他的祖母做了一個夢，夢見天上有一個神仙，踏著祥雲把一個可愛的嬰兒送到自己懷裡。然後，隔壁就傳來嬰兒的

啼哭聲，兒媳婦生下了一個兒子，就是王陽明。他祖父為了紀念這個夢，就給嬰兒取名王雲。奇怪的是，這個孩子直到五歲還不會說話。

將近六歲那一年，有一天，一個和尚從門口經過，看到王陽明，感慨地說：「天機是不可洩露的，你們既然洩露了，他自然就不會說話了。」於是，他祖父把他的名字改為：守仁。果然，王陽明很快就會說話了。

大約在十二歲時，少年王陽明就確立了「成聖」的志向。這個志向一下子讓王陽明和同時代人拉開了距離。如果我們瞭解歷史，就會知道王陽明生活的時代，處於政治上格外殘酷的時期。整個明代社會的特點，一方面是富裕，是商業的覺醒，是向著海洋的遠行；另一方面是封閉，是殘酷的苛政。殘酷到什麼程度呢？和王陽明同時代的文徵明（一四七〇—一五五九）在北京期間給岳父寫過一封信，提到短短幾天內，官員被杖死者十六人，充軍者十一人，削官為民的四人。

所以，文徵明不敢再待在官場，找了藉口向皇帝請辭，回到老家蘇州，把園林當作了桃花源。

另一方面，那個時代的讀書人都透過科舉來實現自我價值，但所謂的自我價值只是為了做官；讀書已經不是為了人格的完善，而是為了升官發財。

王陽明的立志成聖，既沒有走上退隱的路，也沒有走上絕大多數人走的做官之路；而是走了一條自我人格完善的路。他其實是回到了儒家的初心，恢復了儒家的源流：要做人，做你應該成為的那種人。

儒家從創始人孔子，到孟子，再到宋明理學，一直認為夏、商、周三代，是理想的和諧社會。如何回到那個和諧社會？他們開出的「藥方」是：培養個人的德性。也就是讓每個人注重道德修養，成為君子，甚至成為聖人，整個社會就可以變得很美好。那麼，怎麼才能讓個人變成君子甚至聖人呢？儒家逐漸形成了一套教育體系，體現在四書五經裡。

五經是《詩經》、《尚書》、《禮記》、《易經》、《春秋》，也有說六經的，還有一部失傳了的《樂經》。這幾部經典包括了歷史、哲學、文藝、禮儀等，是儒家教育的基本典籍。

四書是《論語》（孔子及其弟子的言論集）、《孟子》（孟子及其弟子的言論集）、《大學》（出自《禮記》，據說由曾參整理成文，程顥、程頤把它當作孔門的入門讀物）、《中庸》（出自《禮記》，據傳是孔子曾孫子思所作，被認為是孔門心法）。朱熹最早把這四本書編在一起，從此成為儒家的基本教材，尤其是《大學》，更是讓人如何成為聖人的教科書。

《大學》一開篇就說：「大學之道，在明明德，在親民，在止於至善。」這成為儒者一生所要成就的基本目標，被稱為三個綱領，大意是：成為一個聖人的根本方法，就是要弘揚內心光明的德性。在親民，朱熹解釋為「在新民」，讓人民不斷自我革新；而王陽明認為應該解釋為「在親民」，按王陽明的意思，人生的大道，就是要與民眾仁愛無間，就是要達到最高的善，最完美的境界。

在接下來的論述中，《大學》又陸續提出了「八條目」：格物、致知、誠意、正心、修身、齊家、治國、平天下。三個綱領，加上八個條目，強調的是修己，是自我修養，自我修養完善之後，才能治人，所以，修己的目的是為了治國、平天下。

儒家透過這三個綱領、八個條目，把個人的自我道德完善和治國平天下結合在一起，把個人、家庭、國家統一為一體。

朱熹把這一套教育聚焦在「格物致知」，認為透過格物致知就可以「去私欲，存天理」，達到至善的境界。

朱熹認為，「格，至也。物，猶事也。窮至事物之理，欲其極處無不到也。」「所謂致知在格物者，言欲致吾之知，在即物而窮其理也。蓋人心之靈，莫不有知，而天下之物，莫不有理。惟於理有未窮，故其知有未盡也。是以《大學》始教，必使學者即凡天下之物，莫不因其已知之理而益窮之，以求至乎其極。至於用力之久，而一旦豁然貫通焉，則眾物之表裡精粗無不到，吾心之全體大用無不明矣。此謂物格，此謂知之至也。」

在朱熹看來，格物是第一步，透過觀察，探究、窮盡事物的規律、奧祕、道理，從而進入第二步：致知，獲得認知、智慧、知識等。朱熹的解釋強調了訓練的重要性，以及訓練順序的重要性。

但朱熹的朋友陸九淵不太贊同朱熹的說法，覺得朱熹的問題在於企圖從外在的事物上去求得「理」，這是不可能的。在陸九淵看來，格物致知，應該從心這個源頭上著手，心即宇宙，心就是理，應該從心這個源頭上去求得理，才是正道。

朱熹的學說得到了官方的認可，尤其成為科舉考試的規則，所以，到南宋時，朱熹的理學已經是社會上非常主流的東西，幾乎所有人都把它看作是理所當然的。

王陽明一開始也信奉朱熹的方法，但在一次「格物」的實踐後，他對這種從事物上去探究尋求「道」的方法產生了懷疑。那次實踐是他和一個朋友一起進行的，他們「格物」的物件是竹子。朋友對著竹子格了三天就撐不住了，產生幻覺，極度疲乏；王陽明堅持了七天，也同樣產生了幻覺和疲乏。

這次實驗讓王陽明開始不再篤信「格物」之說，從此，他擺脫了朱熹的影響，去開創了一套自己的心學系統。

## 02——我們首先應該抓住大的「核桃」

王陽明和朱熹雖然路徑不同，但出發點是一樣的，認為一個人活在世上，首先應該是立志，也就是立志成聖。只要立志成聖，就抓住了核心，抓住了人生中最大的東西，就像小和尚的故事裡說的，抓住了「核桃」。

有一個小和尚每天很忙碌，但是在修行上好像沒有什麼進步。有一天，他去請教老和尚：為什麼我們那麼忙碌，做了那麼多的事，還是沒有什麼進步？

老和尚就讓小和尚把他平常化緣用的缽拿來，又叫他去拿一堆核桃放在缽裡，直到放不下為止。然後，又叫他拿了一些米放到缽裡，居然可以放進去。又叫他拿了一些水倒進缽裡，也可以放進去。

又拿了一勺鹽倒進缽裡，還是可以放進去。缽裡放滿核桃之後，還可以放進這麼多東西，是因為核桃之間有縫隙。

老和尚問小和尚：「明白了嗎？」小和尚茫然以對。

於是，老和尚讓小和尚再拿來一隻空碗，先放水，再放了一勺鹽，再放米，把碗裝滿米的時候，水開始溢了出來。老和尚讓小和尚再放核桃，一顆也放不進去了。

小和尚這才明白老和尚的意思，如果先把那些小的、瑣碎的東西放滿了，那麼，就不能再放大的、核心的東西；但如果抓住了核心的、大的東西，那些小的、瑣碎的東西就都能被包容進去。

有人把這個故事裡的碗比作我們的生命，就是說，在我們生命成長的過程裡，我們首先應該抓住大的核桃，就可以容納很多別的東西；但假如我們總是在一些細枝末節上操心、打轉，那麼，一輩子都無法把大的核桃裝進去。

王陽明心學裡，反覆談論做人、做學問的最基本的原則，和這個故事所講的很接近，但王陽明用樹來比喻。

《傳習錄》裡王陽明對學生說：「我教導人要致良知，要在格物上用功，是有根本的學問。一天比一天進步，時間越久就越覺得精明。現在的教書先生總是教人到每件事物上去尋求探討，那是沒有根本的學問。在年輕的時候，雖然還能修飾表面，看不出有什麼問題，但到老年時精力衰竭，一定會支撐不住。就像把一株無根的樹移栽到水邊，短時間內樹雖生氣勃勃，但時間一久，一定會枯萎而死。」

王陽明這句話的意思是，如果一個人知道自己應該成為一個什麼樣的人，並且找到了應該成為什麼樣的人的根源，那麼，他每天的努力，都會讓他進步，像一棵樹那樣，隨著年齡的增長，不斷生長，越來越能經受風雨，越來越強壯。但如果沒有找到根源，只是在向外追求，那麼，花的力氣都在消耗自身的能量，隨著年齡的增長，就會很快衰老；就像把一棵沒有根的樹種在了水邊，很快就會死亡。

## 03——學習要有一個本原

有一個學生問王陽明：「曾參的『吾日三省吾身』的功夫雖然真切，大概還不理解『一以貫之』的功夫。」

王陽明回答：「孔子看到曾子沒有掌握用功的根本，才告訴他一以貫之的道理。學習的人如果真能在忠、恕上下功夫，難道不就是做到一貫了嗎？『一』如同樹的根，『貫』如同樹的枝葉。沒有樹根，哪有枝葉？本體和作用出自同一個源頭，本體還沒有確立，作用從哪來呢？朱熹說『曾子在作用方面，已經根據具體事物精細明察，盡力而行，但沒有明白根本的本體』，大概還沒有說完全。」

王陽明又以種樹為比喻：「種樹的人必須培養樹根，修德的人必須修養心性。要想樹木長高，開始時就一定要剪掉多餘的枝條。要想德行盛隆，開始學習的時候一定要放棄自己的業餘愛好，比如喜愛詩文，精神就會逐漸傾注在詩文上。其他很多愛好都是如此，耗費我們的時間和精力。

「我在這裡講學，講的是無中生有的功夫。各位能相信的，只有立志。學習的人有一心為善的志向，猶如樹的種子，只要不刻意助長它，也不輕易忘記它，保持自然而然，一直栽培下去，就會日夜生長，生機日益完備，枝葉日益茂盛。樹剛長出來時，有了分枝，應該剪掉，然後樹幹才能長大。初學時也是如此。所以，立志最可貴的是『專一』。」

要找到本原，這是王陽明反覆強調的。

「學習要有一個本原，要從本原上去下功夫，就會逐漸進步。仙家用嬰兒打比方，很能說明問題。嬰兒在母腹中，純是一團氣，有什麼知識？脫離母體後，才能啼哭，然後會笑，後來又能認識父母兄弟，逐漸能站、能走、能拿、能背，最後天下的事無所不能。這都是他的精神日益充足，筋力日益強壯，智慧日益開發，不是從母體出胎那一天就能推究得到的。

「所以要有一個本原。聖人能讓天地定位、萬物化育，也只是從喜怒哀樂還沒有生發的中和狀態裡修養得來的。後世儒生不明白格物的學說，看到聖人無所不曉，無所不會，就想在開始時把一切徹底推究明白，哪有這樣的道理！立志用功，就好像種樹。開始時生根發芽，沒有樹幹；有了樹幹，沒有枝節；有了枝節，然後有樹葉；有了樹葉，然後有花果。剛種植時，只顧栽培澆灌，不要想著枝啊、葉啊、花啊、果啊。空想有什麼用？只要不忘記栽培澆灌的功夫，哪用擔心沒有枝葉和花果！」

在王陽明看來，掌握了本原，就等於抓住了事情的主宰：「天地間的萬物變化，沒有瞬息停止過。但有了一個主宰，就能不先不後，不急不緩，即使千變萬化，主宰是一成不變的，人是有了這個主宰才產生的。如果主宰安定，如同天地運行一樣，雖永無停息，時刻千變萬化，也能從容自在。這就是所謂的『天君泰然，百體從令』（如果我們的內心安定自在，那麼，一切都隨著這顆心而井然有序）。如果沒有主宰，就只看到『氣』在四處奔流，怎麼會不忙呢？」

王陽明又用船的舵作為比喻：「做學問必須有個根本的宗旨，下功夫才有著落；

即使做不到從不間斷，也可以像船有一個舵，一提就能找到正確的方向。否則，雖然是做學問，但也只是『義襲而取』（只是偶然合乎天理而有所獲），日常的行為還是沒有方向，對於自己的習氣沒有省察，活著就始終到不了最根本的大道。」

總之，有了種子，有了本原，就「有了根本的宗旨，橫說直講，不管怎麼說都對。如果這個明白了，到那個又不明白，就說明你還沒有真正掌握到最根本的宗旨」。

## 04——我應該成爲什麼樣的人？

王陽明心學裡，關於做人的第一個法則，就是「種子法則」。

王陽明把人的成長比作一棵樹，樹的成長，首先就是要找到種子，並且在種子上下功夫，讓種子發芽、紮根泥土，然後枝繁葉茂，長成參天大樹。而這顆種子，就是立志。

王陽明反覆強調立志的重要性。在〈示弟立志說〉裡，開篇即說：「夫學，莫先于立志。志之不立，猶不種其根而徒事培壅灌溉，勞苦無成矣。」大意是學習做人，必先立志，若不立志，就像沒有種種子，而徒做表面的培植灌溉，那麼，再辛苦也不會有任何收成。

接著又說：「世之所以因循苟且，隨俗習非，而卒歸於污下者，凡以志之弗立也。」意思是世上的人之所以跟隨大眾，得過且過，隨順惡俗舊習，最後變成格調低下的人，都是因為沒有立志。

那麼，什麼是立志呢？

陸澄請教立志的方法，王陽明回答：「只要念念不忘存養天理，就是立志了。假如能夠時刻不忘存養天理，那麼，時間長了，心裡自然會凝聚天理，就像道家所說的『結聖胎』。這個天理的念頭經常存有，就能慢慢達到孟子講的美、大、聖、神的境界，不過是從這一個念頭存養、擴充開去。」

只要念念不忘天理，就是立志了。所謂立志，就是決心回到人本來的樣子。

什麼是天理呢？

朱熹說：飲食是天理，美食是人欲；夫妻是天理，三妻四妾是人欲；所以要存天理滅人欲。

念念不忘天理，就是從欲望的泥沼中跳出來，回到人本來的樣子，回到自己的本性。用儒家的說法，就是成聖；用佛家的話說，就是成佛；用道家的話說，就是

「自然」。人性本來都是聖賢的境界，人人都是聖人；人性本來都是佛的境界，人人都是佛；人性本來是「自然」的境界，人人都可以是「真人」。

所以，王陽明講的立志，並不是我們一般人講的人生理想，更不是具體的有關職業的理想。立志，並不是確定這一輩子要做什麼職業，要賺多少錢，或者要讀什麼大學。王陽明講的立志，是「種子」的意思。

在王陽明看來，在我們決定要做什麼職業之前，在決定要賺多少錢之前，在決定要讀什麼大學之前，首先要立志，就是確定我應該要成為一個什麼樣的人，我為什麼要活著，我最終安身立命的地方在哪裡，我的信念是什麼，我的價值觀是什麼。不是「我想要成為什麼樣的人」，而是「我應該成為什麼樣的人」。

首先要明白「我應該成為什麼樣的人」，然後才能清楚「我想要成為什麼樣的人」。

舉個例子，前面王陽明對學生講要在「忠恕」上下功夫，就是「一貫」了。「忠恕」是儒家對於人的一種要求，大概的意思是，一個人應該盡心為人、推己及人。如果確定了「我應該成為一個忠恕的人」，那麼，就是找到了一顆種子，一個源頭，可以貫穿在我們所有的事情裡。你做任何事情，都在行忠恕之道，都在做同一件事情。

按照王陽明的思路，應該先確定「我應該成為一個實行忠恕之道的人」這樣的志向，才去考慮選擇什麼樣的職業，賺多少錢之類現實的問題。這樣，一切的問題都會變得容易。

一旦確定了「我應該成為什麼樣的人」這樣的志向，它就會像一顆種子，讓你的生命不斷成長，不斷自我完善。一旦有了這一顆種子，就接通了你的生命和宇宙的聯繫，讓你的生命獲得能量源。

一旦有了這一顆種子，做什麼事，都是在做同一件事，做任何事，都會為你帶來源源不斷的能量。這才是王陽明所講的立志的意思。

立志就是為自己的生命找到一顆種子。這顆種子，在王陽明心學裡，開始的時候叫「天理」，後來叫「良知」。王陽明認為，良知就是種子，就是我們生命的能量源。任何時候，只要回到了「良知」這個本源，我們的生命就會不斷成長。

做事的背後是做人。做人的背後是天道。天道，通俗的說法是自然法則，是宇宙能量。立志，就是把人和天道連接了起來。

# 05——我想要承擔什麼樣的社會角色？

「我應該成為聖賢」，這樣的志向一旦確定，就決定了王陽明一生的方向，也讓王陽明一生都有著一種強烈的生命自覺意識。我們一般人，生下來活在世界上，往往按部就班，比如在中國古代，讀書人基本上走「學而優則仕」的道路，讀書，考試，中秀才，中舉人，中進士，中狀元，然後一路做官，到告老還鄉。今天的情形其實也差不多，一般人讀完中學，上大學，然後找一份工作，一路做到退休。一輩子也就這樣了。

少數人不願意隨波逐流，立志要成就一份事業，像王陽明那樣，中了進士，後來三次平定叛亂，在古代已經算是做出了一番事業。今天一些人創業成功，或者在某個領域取得了卓越成績，也可以算是做出了一番事業。

但還有極其少數的人，他們活著不僅做事，還要做人，對於他們而言，活著，不只是延續生命，而是成就一番事業。成就一番事業，不只是獲得社會的認可，而是要在做事的過程裡，成就一種人格。王陽明就是這樣極其少數的人。

十七歲那年，王陽明去江西成親，迎娶諸讓（字養和）的女兒。回餘姚途中，經過上饒，聽說理學大師婁諒在此地，就去拜謁，向他請教如何才能成為聖人，婁諒說：「聖人必可學而至。」並告訴王陽明，成聖之路是內聖而外王，首先要「內聖」，怎麼內聖呢？就是要透過「格物致知」。

雖然後來王陽明對於格物致知有自己的理解，但婁諒那句「聖人必可學而至」，成了王陽明終生的追求，先內聖而後外王，也成了王陽明心學的大方向。

據史料記載，王陽明從江西回到紹興，整個人的性格、生活習慣都有所改變，之前他有點不拘小節、愛開玩笑，甚至還有點放浪不羈，但自從相信了「聖人必可學而至」，就變得端莊、嚴肅，生活也有規律了。他自己解釋說：「吾昔放逸，今知過矣。」

為了做聖賢，為了成為聖人，王陽明從少年時代到青年時代，先後沉迷於任俠、騎射、辭章、神仙、佛家，尋找人生的出路，最終歸於儒家，但又和當時正統的儒家朱熹理學有所不同，開創了自成一派的心學體系。而這個心學體系，不是純粹的思辨，而是實際的生活方式，用來讓自己的生活變得更有意義，讓自己像一個聖人那樣活著。

王陽明曾經在辭章上下過功夫，苦讀經典，寫詩作文，到有一天突然領悟到：我怎麼能用有限的精力，去做無用的虛文？從此對於辭章看得很淡。王陽明也在道家的養生上下過功夫，但深入修行了一段時間，覺得這不是聖賢大道，不過是「簸弄精神」，很快就放棄了。

佛學，尤其是禪宗，對於王陽明應該有過很深的影響。只要我們把《傳習錄》中關於心、關於性的論說，以及「知行合一」的主張，和六祖惠能在《壇經》裡關於心、關於性的論說，以及頓悟的主張，加以比較，就會發現他們在思維方式上驚人地一致。

如同胡適先生、錢穆先生等前賢談到的，沒有禪宗，就不可能有宋明理學，也

如太虛法師所言，「我國自晚唐、五代以入于宋，禪宗實為學者思想之結合。」（《論宋明儒學》）

但王陽明也沒有成為禪宗的信徒。王陽明一生探尋生命的意義，最終在儒家的大框架裡創造了心學體系，成就了一種知行合一的人生。這種人生的種子是：「我應該成為聖賢。」

但這個志向，在一個具體社會裡，還是要依附於具體的行為。或者更確切地說，在明白了我應該成為什麼樣的人之後，接著要解決的是：我想成為一個什麼樣的人？這個問題的另一種問法是：在這個社會裡，我想要擔當一個什麼樣的角色，既可以讓我自食其力，又可以讓我最終成為我應該成為的樣子？

王陽明經過一番摸索，最終選擇的社會角色是官員。

王陽明人生遇到的第一個矛盾，應該是科舉考試與成聖之間的矛盾。宋代程顥遇到周敦頤之後，覺得聖人之學才是人生真正的追求，就放棄了科舉考試，一心自己做學問，探尋人生的真諦。宋代以後到明代，知識分子在要不要參加科舉考試上，一直有分歧。

王陽明最初對科舉並不以為然，但後來慢慢意識到，聖人之學和科舉考試以及科舉之後做官並不矛盾，關鍵在於，必須抱著窮究聖人之學的心態去考試，去做官，而不是為了做官去考試，為了功利去做官。

因為把科舉考試看作是聖人之學的一個手段，所以，王陽明對於考試的心態就很放鬆，他兩次考試都沒有考中，尤其第二次落第的時候，按常理應該打擊很大，但王陽明安慰其他落第的考生：「世以不得第為恥，吾以不得第動心為恥。」

王陽明在《傳習錄》以及其他文章、書信中，多次談及聖人之學和科舉之間的關係。他的看法是，舉業和聖人之學並不矛盾，重要的是你有沒有聖賢之志。如果你有聖賢之志，那麼，無論做什麼，都是在磨練自己成為聖賢。不論順境逆境，都是在磨練自己的志向，磨練自己的意志和德行。

同時，王陽明也意識到，在當時那樣一個社會中，如果不參加科舉考試，就很難實現自己的政治理想，就很難改變這個社會。所以，不去透過科舉求得官職就放棄改變社會，就像沒有盡最大的努力，卻抱怨天命一樣。

## 06——在做官、講學中做人，在做人中成聖

王陽明曾經感嘆：像陶淵明那樣退隱是容易的，但當官是不容易的。一四九九年，二十八歲的王陽明第三次會試，終於被錄取，中了進士，從此走上了仕途。

王陽明的第一份官職是工部觀政員，就是在工部做實習生。他的第一份活是去做一個專案的監工。什麼專案呢？建造威甯伯王越的墳墓。

王越是明朝一位名將，在守衛邊關上有卓越的貢獻，被朝廷封為威甯伯。王越在兵法上有實踐，也有理論。王陽明借助這個機會，演練了一遍兵法。他用兵法上的「什伍之法」來管理施工的民工，五人一組，十人一隊，很快就完成了專案。因為墓地在邊境，王陽明順便考察了邊境的狀況，回到北京後，就寫了一篇〈陳言邊務疏〉，呈給皇帝。

王陽明的第二份官職是刑部雲南清吏司主事，就是主管雲南的司法案子，但辦公地點其實在京城。這是一五〇〇年。在這份工作上，他發現了監獄系統的腐敗，他盡自己所能平反了一些冤假錯案，心力交瘁。

一五〇二年，王陽明在淮北忙完公事後，順道去了齊山遊玩，然後又去了九華山，去拜訪一位隱居的高人「蔡蓬頭」，詢問如何學習做神仙。這表示王陽明當時還沒有完全放棄道家的影響。蔡蓬頭回答：「尚未，尚未。」王陽明再問的時候，蔡蓬頭就說了這麼一番話：「我看你一團官相，做什麼神仙呢？」

王陽明從九華山下來，又去了蕪湖、當塗、鎮江，游茅山，後到潤州，遊北固山。三月，一路北上回京城，但是到揚州的時候突然重病，滯留了一段時間。五月，回京覆命，後過勞成疾，只好向朝廷請假，回到家鄉紹興養病。

養病期間，他隱居在陽明洞天，當時他寫過這樣兩首詩：

「人間酷暑避不得，清風都在深山中。池邊一坐即三日，忽見岩頭碧樹紅。」

「兩到浮峰興轉劇，醉眠三日不知還。眼前風景色色異，惟有人聲似世間。」

從此，可以感受到他內心還是有著道家的出世之想。

但也恰恰在這一段養病期間，他特別強烈地感受到了親情的溫暖，即使在深山裡，也無法忘掉祖母、父母。在這一點上，他開始對道家和佛家有所質疑：「這個愛親的念頭，從小生成，要是這個念頭可以去得，不成了斷滅種性嗎？」

又有記載說，這段時期他去杭州遊玩，見到一個和尚，已經閉關三年了，幾乎不曾開口說話。王陽明走到和尚身邊，大喝一聲：「這和尚終日口巴巴說什麼？終日眼睜睜看什麼？」

這句話其實頗有禪的機鋒，可惜這個和尚只會打坐，並沒有真正的覺悟，被王陽明一喝，居然說起話來。

王陽明又問：「你有家嗎？」和尚回答：「家裡還有老母。」王陽明問：「想不想念你母親？」和尚老實回答：「想念。」

然後，王陽明就和和尚討論了一番關於人性的話題，說得和尚第二天就還俗回家，奉養母親去了。

從此，王陽明越來越往儒學上走，往聖人之學上走，到龍場悟道之後，完全專注於聖人之學，再也沒有動搖過。

王陽明的第三份官職是山東鄉試的主考官。這時王陽明三十三歲，是弘治十七年（一五〇四）。王陽明寫過一篇〈山東鄉試錄〉，講了自己對於聖人故鄉山東的失望，同時又講了自己希望科舉能夠幫助朝廷找到真正的人才。

王陽明的第四份官職是兵部武選清吏司主事。這是一五〇四年的九月，王陽明從山東回到京城之後，就被調到兵部任職，負責選拔武官的考試。一五〇五年，王陽明開始了講學，講身心修煉之學。可以說，王陽明在三十四歲那一年，完成了從「我應該成為一個什麼樣的人」到「我想成為一個什麼樣的人」的轉變。

從此以後，王陽明一生都在培植「良知」這顆種子，而在世間的社會角色，一直是盡責的官員和不懈的教師。做官和講學，是他「成聖」的直接途徑，一直到他去世都沒有改變：在做官、講學中做人，在做人中成聖。

# 07——人猶如一滴水，要回到存在的大海

王陽明心學的種子法則，運用在生涯規劃上，會讓一生變得很清晰。

第一，要為自己的人生找到意義。

每一個人應當為自己的生命找到一個支撐點，否則不管有多麼完整的時間計畫並一絲不苟地實行，都毫無用處。生活中許許多多的問題，許許多多的煩惱，究其根本，都在於我們不明白我們自己內心的召喚，不明白自己生而為人來到這世上能夠做什麼、喜歡做什麼、能承擔怎樣的角色。一旦明白了這些，就會如同尼采所說：知道為什麼活而活的人，差不多任何痛苦都忍受得住。

要活出意義。換一種通俗的說法，就是為自己的存在找到一個理由。確實，我們生活裡的種種行為，一定要有一個理由支撐著。而為自己的一生找一個理由，就

不能是瑣細的理由，一定要是一個持久的理由，一個值得一輩子為它而努力的理由。

一般有信仰的人很容易找到一個活下去的理由。對於儒家的信徒而言，活著，就是人格的完成；對於道家而言，活著，就是返璞歸真；對於佛教徒而言，活著，就是為著解脫的修行。這些理由足以讓一個人無限地努力下去。

第二，要把意義落實在目標上。

對於生命意義的探尋，對於為何而活的思考，歸根到底，應當轉化為對於具體目標的追求。譬如一座花園，我們不必過多地糾纏在它為何存在，而應該把焦點集中在如何使得這座花園更美。人生也是如此。

關於人生意義的追求，我們不必過多地把時間花費在「我們為何而活」這樣的問題上，而應該把「為何而活」轉化成「如何活得更好、更有意義」。如果說完成一種人格是理由，那麼，我們要把它轉化成「如何完成一種人格」；如果說活著就是理由，那麼，我們要把它轉化成「如何活著」；如果「平安」是理由，那麼，要把它轉化為「如何平安」；如果「不平凡」是理由，那麼，我們要把它轉化為「如何不平凡」。

必須確定一個目標，值得一生為它努力。應當經常自己問自己：這一生我真正的目標是什麼？

不妨做一個遊戲，在很安靜的時候，坐下來，在一張白紙上，寫下你的終生目標。然後，根據這個終生目標，再寫下階段性的目標，近十年內要達到什麼目標，近一年內要達到什麼目標，近半年內要達到什麼目標，乃至明天要達到什麼目標，還可以依據性質進行分類，職業上的目標，信仰上的目標，金錢上的目標，等等，然後統一在一個具體的目標裡。

所有的目標都具體得如同一個個意象、畫面，印入自己的腦海，成為無意識，成為生命的內在動力。一旦目標確定，你就不會浪費時間做無聊的空談和無謂的瑣事，因為你會隨時在反省：此刻的所作所為是否能夠幫助我達成目標呢？如果答案是否定的，就要毫不猶疑地放棄。目標使生命擺脫散亂、無序，變得簡潔、明快、充滿活力與方向性。

明確的目標讓你的時間充滿意義，同時，讓你覺得命運掌握在自己手裡。不論達成與否，只要你真正朝著目標前行，那麼，你的每一步都是有方向的。

第三，要把目標落實在具體的行動上。

要把目標放在一個具體的領域中，也就是要確定做什麼。每一個念頭，只有落到了行動裡，才能真正改變你生命的質地；每一個目標，只有真正落到了行動裡，才能真正引導你的人生不斷向前。

第四，應當找到一個切入點。

老子說：「千里之行，始於足下。」王陽明有一次與學生在池塘邊聊天時候說：「與其為數頃無源之塘水，不若為數尺有源之井水，生意不窮。」這是一個古老的智慧，卻亙古常新。

不論做什麼事，從細微處開始。換一種說法，要找到一個切入點。聽起來很普通，然而，在我看來，這幾乎是活著最重要的技能。不論一生的事業，還是具體的一件事，如果你找到了合適的切入點，那麼，就已經在達成的道路上了，剩下的，只是技術、意志等問題。

這個切入點，一定是從現有的開始，也就是從你現在馬上能做的開始。同時，這個切入點，一定像一條漸漸開闊的河流，一開始可能是小水溝，但慢慢地會把你帶向一條小河，然後把你帶向大河大江，最後是融入大海。

切入點不是越大越好，往往是越小越好，越具體越好。人來到世上，猶如種子，必須要在土裡才能發芽、開花、結果；猶如要完成一篇文章，必須要有立意和方法才能完成；猶如一滴水，要回到存在的大海。但很多人，終其一生，沒有落在地上，只是在世間浮游了一番，就又離開了，留下的只是潦草的草稿紙。很多人，終其一生，都在歧路上徘徊，沒有找到大海的入海口，無聲無息地揮發了。

那些開了花、結了果的人生，那些猶如美好文章的人生，那些融入了大海的人生，並沒有什麼高深的祕密，只不過是他們在生命的某個時候明白自己這一世活著的意義，然後制定了一個一個具體的目標，又從一個很小的切入點開始，把這些目標變成一個又一個的行動。意義、目標、行動、切入點，這四個元素把生命坐實，變成實實在在的人生。

如果只有意義，沒有目標，那麼，你的人生不過是在空想裡原地徘徊；如果你只有目標而沒有意義，那麼，你的人生不過是在博弈的道路上爭鬥奔跑；如果你只有意義、目標，而沒有行動，那麼，你的人生不過是在意願與現實的糾結裡歪歪扭扭地爬行；如果你有意義、目標，但沒有合適的切入點，那麼，你的人生很可能會在整體的結構上混亂無比。

所以，只有意義、目標、行動、切入點這四者完全的配合，這一世的生命才能落到實處，完成獨有的使命。

為何？如何？做什麼？怎麼做？隨時把這四個問題放在心裡，會讓你在做任何事情時都不會太費力。

大到一生，小到一件瑣事，都先安靜下來，問問自己：為什麼要做？如何去做？做什麼才是適合的？從哪裡開始去做？

# 08——理解力比記憶更重要

王陽明心學的種子法則，要求我們做什麼事，首先都要抓住本質，抓著核心。

陸澄問：「事物的名稱、實物、儀則、數目，需要先行研究嗎？」

先生說：「人只要能成就自己的心體，那麼就已經包含這些了。倘若心體存養已達到『未發之中』，自然就能『發而中節之和』，也就是說，做什麼都沒有問題。如果沒有成就自己的心體，即使事先研究了世上許多名物度數，也與自己的本心毫不相干，只是一時的裝飾，沒有什麼用處。當然，並不是說完全不管名物度數，只是要『知道所做事情的先後順序』，就接近道了。」

在王陽明看來，抓住了「種子」這個根本，其他的都是技術層面的事，都不會很難。

有一個人問王陽明：「讀書記不住，怎麼辦呢？」王陽明的回答很有意思，他說讀書只要理解就行了，為什麼要去記住呢？理解也是次要的，重要的是要明白自己的本體。如果只求記住，往往不能很好地理解；如果只求理解，往往不能讓自己的本體明朗清楚。

王陽明的回答，講了我們在學習中記住的三個層次。

第一個是機械地記住。就是我們現在經常講的死記硬背，但死記硬背也是一種學習的方法，並不能完全否定。

我們小學、中學的時候，背誦了很多課文，並不太明白是什麼意思，但是背誦下來，慢慢地，有一天就會突然明白了。就像我自己剛接觸《心經》、《金剛經》的時候，並不是很明白其中深奧的哲理，但覺得句子很特別，經常誦讀，並把它們背了下來，慢慢地好像也就理解了。所以，背誦是提高記憶力的一個基礎性的方法，不能完全否定。

與背誦相關的能夠提高記憶力的方法，還有一種，就是做筆記。

從前古人說「好記性不如爛筆頭」，意思是動手抄寫記錄，對於記憶是有很大幫助的。一個是讀書時隨時抄錄覺得有意思的段落，或者把閱讀體會隨時記錄下來；一個是把自己無意中看到的，或者自己無意中想到的什麼想法，記錄下來。所以，記筆記也是積累知識、擴充自己記憶庫的一個方法。

第二個是理解地記住。在王陽明看來，背誦、記筆記這些方法，非常緩慢，而且很可能一直停留在機械性的記憶上。靠反覆背誦記住了知識，但並沒有理解其中的意義，那麼，這種背誦並不能真正地把知識轉換成能量，從根本上推動自己的成長。所以，王陽明認為理解比記住更重要。一個人能真正理解《心經》的含義，但背不出來，另一個人能夠背出來，但不知道什麼意思，那麼，《心經》對於那個背不出來卻理解了的人，更為有效。

王陽明的論點裡，還包含著一個意思，就是我們想要真正記住什麼，比較好的方法是先去理解它，理解之後，記住它就很容易。還是舉《心經》的例子，如果我們理解佛學的四諦、六度、十二因緣等理論體系，那麼，它的整個邏輯線索就非常簡單清晰，很容易就背下來。如果不理解這些，一字一句地硬背下來，就很困難，而且，記住了也只是記住一些字句，只能起到很表面的作用。

另外，王陽明講的理解比記住更重要，非常符合技術發達的時代。我們人類不需要去記很多東西，電腦可以幫我們去記憶，搜索引擎會幫我們去找我們想要的資訊。人類之所以比機器更有價值，一個很重要的原因就是人類的理解力，比如，機器可以幫我們記錄、搜尋無限的大資料，但對於大資料的分析、解讀，還是要靠人類自己。

所以在今天，理解力比記憶更重要。背再多的東西，都不如獨特的理解力，都比不上理解力所帶來的洞察力。這是我們今天每一個人的競爭力所在，不是比賽誰比誰記得更多，而是比賽誰比誰更有理解力，所以，記住的第二個層次，是理解地記住。理解了，也就是記住了，並不一定要逐字逐句記下來，也不一定要記很多知識性的東西。

第三個是為我所用地記住。這是王陽明最深刻的論點。他認為理解固然比機械地記住更重要，但最重要的是自己的「本體」。也就是說，不管我們學習什麼，最終的目的是為了讓自己更好，一定要把立足點放在自己身上。不是為了知識而求知，也不是為了考試而學習，而是真正為了自己的成長而學習。

再舉《心經》的例子。第一個層次是靠死記硬背記下來了，煩躁的時候背一下，也能起到一些穩定情緒的作用。第二個層次是理解地記住了，明白了佛學的理論脈絡，以及佛學概念的含義，可以向別人講解，也可以用來分析一些世間的現象，有時候還能用其中的說法開解一下自己。第三個層次是不僅理解了它的意思，而且將它的意思化為己用，轉化成自己的能量。

也就是說，在第三個層次，首先是要非常明白自己想要什麼，要做一個什麼樣的人，其次是非常理解所學習的東西，最後是把這些東西全部轉變成自己的東西。

惠能在《壇經》裡教導他的弟子如何學習《法華經》，說不要跟著《法華經》轉，而是要你自己去轉動《法華經》。王陽明的意思，和惠能說的是一樣的。

僅僅理解，還只是在跟著《法華經》學習，只有自己明白自己的本性，明白自己想要什麼，才會用自己的本性去理解《法華經》，讓《法華經》跟著你轉動。

到了這個境界，那就是徹底地記住，真正地記住了。所有學到的知識，也都變成了你自己生命的能量。

## 09——我們遊山玩水的時候也在學習

按照種子法則去做事，去學習，每一件事都在積累，每一次的學習都是在成就自己，做的事、學習的東西，都能夠為自己所用。

王陽明的弟子錢德洪帶著兩個弟弟跟著王陽明讀書，他們的父親去看望他們，發現他們好像並不怎麼用功，就很疑惑：「你們這樣遊山玩水會不會影響學業呢？」

錢的同學回答：「我們遊山玩水的時候也在學習。」

錢的父親還是很疑惑：「我大概瞭解心學可以觸類旁通，但朱熹的書你們難道一點都不讀嗎？」

錢的同學回答：「我們是從良知上去掌握朱熹的學說，好比打蛇打在七寸上。」

錢的父親聽了更疑惑，就向王陽明請教。

王陽明說：「學習聖賢之道，就好像我們治家。像房子啊、衣服啊、食物啊、家具啊，都應該自己來置辦。等到請客的時候，就拿出來招待客人，等到客人走了，這些東西還是我自己的，自己可以享用，一輩子都不會匱乏。而現在有些只顧舉業的人，自己不置辦任何東西，一切靠租借，如果請客，一時間倒也什麼都具備，但客人一走，又什麼都沒有了。」

# 10——你的種子與年齡無關，一直都在

王陽明的種子法則，可以從根本上解決我們的人生難題。關鍵是我們要時刻記得自己的種子。

最近有人問：如何面對中年危機？答案就在王陽明的種子法則裡。

種子法則，特別值得年輕人仔細體會，越早明白越能擺脫中年危機。而對於已經處於中年危機的人，仔細體會一下這句話，也能夠參透人生的真正意義是什麼，從而有勇氣不忘初心，從零開始。即使到了晚年才找到種子，也不晚，也是剛剛好。

按照種子法則，一個人如果立志要做一個聖人，或者說，他知道自己應該成為一個什麼樣的人，那麼，他就會忘記時間，忘記憂慮。一個人如果知道自己應該成為一個什麼樣的人，並且找到了應該成為什麼樣的人的根源法則，那麼，他每天的

努力都會讓他進步，像一棵樹一樣，隨著年齡的增長，不斷生長，反而越來越能經受風雨，越來越強壯。

但如果沒有找到根源，只是在向外追求，那麼，花的力氣都在消耗自己的能量，隨著年齡的增長，就會很快衰老；就像把一棵沒有根的樹種在了水邊，這顆樹很快就會死亡。

如果我們能夠做到王陽明說的，具有應當做一個什麼樣的人的志向，同時，又能找到自己的根源，那麼，一輩子不會有什麼中年危機，也不會有什麼人生危機，一輩子都會「廢寢忘食」，做自己想做的事，做自己應該做的事，樂在其中。

王陽明這裡講的關鍵是立志和根源，這兩個東西是我們一生的核心，也是我們經常講的初心，不忘初心，就是要回到你的志向和你的根源。如果我們解決了志向和根源，那麼，就從根本上解決了中年危機，其實也解決了人生危機。

所以，當我們出現中年危機的時候，確實應當借助這樣一個契機，安靜下來好好梳理一下自己過往的人生，這到底是不是自己想要的生活？應該有歸零的勇氣。

既然出現了危機，那麼，意味著以前的生活一定哪裡出了問題，需要調整。

我有一個朋友，三十多歲的時候從大學到政府機關直接就做了副廳長，一做就是十年，之後開始陷入某種困境，得不到提拔，工作中也遇到各種矛盾。他覺得自己進入了中年危機，那段時間非常焦慮，身體狀況也很差。

他思考了半年，覺得自己還是適合做老師，決定放棄仕途，回到大學做普通的老師，什麼行政職務都不要。這在一般人看來很奇怪，但他還是不顧家裡人的反對和周圍人的議論，堅定地回到了一所大學，埋頭做學問。最近再遇到他，他說雖然失去一些世俗的東西，但得到了內心的平靜，這幾年過得很充實，身體也好了。

如果我這位朋友非要留在仕途努力等待晉升，他的生活很有可能會失控，但他放棄了，回到了自己原來就喜歡的學術領域，生活反而回到了可以控制的軌道上。

另外一位朋友四十多歲，在一家外商擔任高階主管，三年前這家外商撤離中國，他突然失業之後，很難找到同樣高收入的工作。他的太太在一家國營企業工作，也遇到經營不善、收入大幅度減少的困境。開始的半年，他們非常焦慮，到處去求職，但總是不理想。

有一次回到老家後，我那位朋友認真思考了一下自己到底應該怎麼辦。他明白過來，以他的情況，在一個高消費的大城市苦苦撐著不是辦法，如果回到老家這樣的二線城市，他的存款足夠他在不工作的情況下維持十年。結果他和太太，帶著讀小學的兒子回到了自己的老家。前不久，我經過他的老家，發現他們一家過得並不富裕，但很快樂。

遇到危機，如果苦苦地撐著，就會很累，如果停下來，退一步，其實恰恰是一個機會，能讓我們回到自己的初心。但社會習慣、虛榮心，往往阻礙我們退一步。有些人苦苦地撐著，到實在撐不住的時候，甚至會付出生命的代價。

所以，當我們遇到中年危機的時候，首先不應該一味地在原來的軌道上拚命努力，也不一定非要去學習什麼新的知識，進入現在熱門的新行業，這都是按照社會的慣性往自己身上增加壓力。也許，我們首先應該做的是放下，是捨棄，是做減法。

千萬不要苦苦撐著，而是停下來，好好休息，在休息中回到初心：自己的志向和根源，也就是自己的種子。

你的種子與年齡無關，一直都在。

不論什麼時候，一旦你遇到你的種子，你的生命就會閃閃發光。

# 11——做任何事，首先要找到關鍵點

種子法則看似有些抽象，但如果應用到生活裡，每個人都很容易理解，也很容易學會。按照這個法則，我們做任何事首先就是要找到關鍵點。

這幾年很多人步入了創業的熱潮，但很多人創業的時候，並沒有想明白自己創業的根本目的是什麼，而是一味地跟隨潮流，跟隨風氣，有些人靠著一時的投機取巧拿到了投資，然後，他們「燒錢」，做了很多門面功夫，轟轟烈烈。

以種樹來做類比，這幾年中國很多創業者的做法是，先花錢搞一個很大的樹的架子，在上面加上很多綠葉，很多掛件，把它裝飾成了一棵好像很大很好看的大樹，吸引了不少目光，但是這棵大樹沒有根部，自己不會生長，所以，用不了多久，就完全枯萎了。

如果按照王陽明心學的種子法則，那麼，如果你要創業的話，首先要找到一個非常關鍵的點：你真正想做什麼？你自己身上有什麼別人拿不走，只有你才有的資源？這個就像一顆種子。

有了這顆種子，再找一個合適的地方，種下去，慢慢發芽成長，最後生根發芽。很多人的失敗，在於他們不去自己身上找到種子，而是成天去找竅門、找風口。今天去中心化，明天新零售，後天又是區塊鏈。最後的結局只能是一無所獲。

如果你按照種子法則去生活，那麼，只要你找到了自己的那顆種子，只要你洞察了人性的基本規律，不論這個世界怎麼變，你都可以從容應對。

找工作也是如此。經常有畢業生問我找什麼工作好。我的回答是，先不要一心想著要找到好工作，所謂好工作，都是社會所界定的，但今天的好工作，十年後也可能就會變成爛工作。所以，不要先急著找工作，而是要先找自己，也就是好好想清楚你這輩子想要成為什麼樣的人，有沒有什麼事情是值得你一輩子去做的。想明白了這個事，就能為你的一生種下種子，會讓你像樹一樣成長。

每個人成長的過程中，最重要的一件事就是學習，所以，不要想著什麼是好工作、好單位，而是要認真想想什麼樣的工作能夠讓自己激發學習的興趣和動力，從而更好地成長。

作為父親，我對於自己的孩子，在她很小的時候，就啟發她找到自己內心真正喜歡的東西，找到種子和根源。以至於每次買玩具，都讓她自己選擇。在選擇的過程中，人會慢慢找到真正想要的東西。她大學畢業時候，我只給了她兩點建議：

一、不要去找工作，而是去找一件自己喜歡做的事情，最理想的就是找到一件你一輩子喜歡做的事情。

二、從一開始就不要遷就，不要盲目聽從他人的意見，只有你自己知道自己想做什麼。人生很短，成敗很虛幻，唯有做點有意思的事才是真切的。

婚姻也是如此。有一些朋友經常諮詢婚姻問題，總想從專家那裡找到保持婚姻長久的方法，卻常常不去想明白自己想從婚姻裡得到什麼。如果是為了愛，那麼當愛消失了怎麼辦？如果是為了孩子，那麼孩子長大了怎麼辦？如果沒有找到自己關鍵的想法與需求，一味盲目地要求婚姻長久，結果只能是問題不斷。

找到那顆種子，找到那股能讓你的心變得越來越開闊的源泉，這是王陽明心學的種子法則在生活方式層面非常實用的一種方法。這種方法會讓你做任何事情的時候，都能抓住要點，會讓你的人生變得很簡單卻又很豐富，會讓你活在一個整體之中，也會讓你不糾結，埋頭做事。

找到「種子」，不一定就能成功，但一定會成就自己。

# 二 心靈法則

心者，身之主也，而心之虛靈明覺，即所謂本然之良知也。

——《傳習錄．答顧東橋書》

# 01——凡事要在心上下功夫

王陽明在青年時代有過兩次不經意間關注到了「心」。

第一次關注到「心」是他第二次考試沒有考上的時候。他很平靜地對別人說：「大家都以考不上為恥，而我以考不上動心為恥。」這裡，王陽明講出了「心」的一個基本作用：我們沒有辦法改變事實，但是「心」可以改變我們對事實的看法。一旦我們改變了對事實的看法，我們就在創造新的事實。

第二次關注到「心」是新婚在南昌期間。因為無聊要打發時間，王陽明就開始練習書法。練習中，他摸索到一種方法，叫「心上練」。

他的解釋是：「既非要字好，又何學也?乃知古人隨時隨事只在心上學，此心精明，字好亦在其中矣。」「吾始學書，對模古帖，止得字形。後舉筆不輕落紙，凝思靜慮，擬形於心，久之始通其法。」

大意是，我開始學習書法的時候，只是模仿古人的帖子，只學到了字形，後來寫字的時候，不輕易下筆，先在心裡想清楚後再動筆，慢慢地就找到書法的祕訣了。這個書法的練習心得，顯示王陽明年輕時候，已經懂得凡事要在心上下功夫的道理。

但他徹底明白，並踐行這個道理時，卻是在很多年後遭遇了人生第一次重大挫折之後。一五〇四年，王陽明在兵部任職，又開門講學，開始了他理想中儒者的人間生活。如果沒有意外，他可以按部就班地升職，弟子越來越多，名氣越來越大。但王陽明在一五〇六年時上書皇帝，抨擊當時的太監劉瑾，結果被關進監獄。

在監獄裡，王陽明每天讀《周易》，思考其中的玄理。最後皇帝下詔，把王陽明杖責三十，發配到貴州龍場做驛丞。

在去貴州的途中，經過浙江，王陽明發現有殺手跟著他，於是就在錢塘江邊寫了兩首絕命詩，跳進了錢塘江。殺手以為他已經自殺，就回京城去向劉瑾報告了。沒想到王陽明是假裝自殺，實際上是躲在一條商船的下面。跟著這條商船，一直漂到了福建沿海。

上岸後，他向武夷山走去。在山裡，他遇到了一個人，這個人就是二十年前他在江西鐵柱宮遇到的那位道士。這位道士點撥了王陽明，告訴他不應該逃避，而是應該到龍場去赴任。

離開武夷山的時候，王陽明寫了這麼一首詩：「險夷原不滯胸中，何異浮雲過太空。夜靜海濤三萬里，月明飛錫下天風。」

很難想像這是一個逃難中的人寫的詩句。

在整首詩中，王陽明把自己放在了宇宙這樣一個大背景上。這首詩的第一句用了一個比喻：假如心像太空那樣浩瀚潔淨，那麼，再多的挫折痛苦都像浮雲，不會停留，只是飄過。第二句裡有一個典故，馬祖道一的弟子隱峰禪師有一次遇到官兵和叛軍在打仗，雙方殺得血肉橫飛，隱峰禪師心有不忍，便將錫杖擲向空中，然後飛身而上，瞬間而過。兩軍士兵看到這一景象，再無爭鬥之心，由此罷戰。所以，這個錫杖是大智慧、大慈悲的符號。王陽明說：無邊的夜空下海濤翻滾，月光皎潔，我要拿著錫杖乘風從天上飛馳而下。

一五〇八年，三十七歲的王陽明到了貴州龍場。古代的三十七歲，已經是中年接近老年了。而龍場在那時，是一個蠻荒之地。對於一般人而言，幾乎等於判了無期徒刑，甚至相當於判了死刑。事實上，王陽明剛到龍場後的第二年，遇到一名小官，帶著兒子和僕人去更遠的地方任職，經過龍場的時候，三個人都死了。王陽明出於憐憫，和自己的僕人一起埋葬了他們，還寫了一篇〈瘞旅文〉，講述了這件事。這篇文章後來被收入《古文觀止》。全文的翻譯如下：

大明正德四年秋季某月初三日，有一名吏目從京城來到這裡，不知他姓什麼叫什麼。他帶著一個兒子、一個僕人，將要去赴任，路過龍場，投宿在一戶苗族人家中。我從籬笆中間望見他，當時是昏黑的夜晚，下著小雨，我本想向他打聽北方的情況，卻沒有說上話。第二天早上，我派人去探視，他們已經走了。

中午，有人從蜈蚣坡那邊來，說：「有一個老人死於坡下，旁邊兩人哭得很傷心。」我說：「一定是那個吏目死了。可悲啊！」傍晚，又有人來說：「坡下死了兩個人，旁邊一人坐著嘆息。」問明他們的情狀後，才知道他的兒子又死了。第二天，又有人來說：「看到坡下堆了三具屍體。」看來，他的僕人也死了。唉，真令人傷心啊！

想到他們的屍骨還暴露在荒野，沒有人認領，我帶著兩個童僕，拿著畚箕和鐵鍬，前去埋葬他們。兩名童僕臉上流露出為難的情緒。我說：「唉，我與你們，和他們是一樣的啊。」兩名童僕憐憫地淌下眼淚，願意一起去。於是，就在旁邊的山腳下挖了三個坑，把他們埋葬了。隨即供上一隻雞、三碗飯，一面嘆息，一面流著眼淚，向死者祭告說：

唉，悲傷啊！你是什麼人，什麼人啊？我是此地龍場驛的驛丞、餘姚王守仁啊。我和你都生長在中原地區，我不知你的家鄉在哪裡，你為什麼要來做這座山上的鬼魂啊？古人不會輕率地離開故鄉，外出做官也不會超過千里。我是因為流放而來到此地，理所應當。你又有什麼罪過而非來不可呢？聽說你的官職，僅是一個小小的吏目而已。薪俸不過五斗米，你領著老婆、孩子親自種田就會有了。為什麼竟用這五斗米換去你堂堂七尺之軀？又為什麼還覺得不夠，再加上你的兒子和僕人的性命啊？哎呀，太悲傷了！

你如真是為留戀這五斗米而來，那就應該歡歡喜喜地上路，為什麼我昨天望見你皺著眉頭、面有愁容，似乎承受不起那深重的憂慮呢？這一路上滿是霧氣露水，還要攀援懸崖峭壁，走過萬山的峰頂，饑渴勞累，筋骨疲憊，又加上瘴癘侵蝕你的身體，憂鬱攻擊你的內心，難道還能免於一死嗎？我一看到你的愁容，就知道你最終會死掉，可是沒有想到會如此之快，更沒有想到你的兒子、你的僕人也會很快地死去啊。但這樣的結局都是你自己找來的呀，還能說些什麼呢？我不過是憐念你們三具屍骨無所歸依才來埋葬罷了，卻使我引起無窮的感愴。

唉，悲痛啊！縱然不葬你們，那幽暗的山崖上狐狸成群，陰森的山谷中粗如車輪的毒蛇，也一定能夠把你們葬在腹中，不致長久地暴露在外。你已經沒有一點知覺，但我又怎能安心呢？自從我離開父母之鄉來到此地，已經有兩個年頭了。歷盡瘴毒而能勉強保全自己的生命，主要是因為我沒有一天懷有憂戚的情緒啊。今天忽然如此悲傷，是我為你想得太重，而為自身想得很輕啊。我不應該再為你悲傷了！

我來為你歌吟，請你聽著：連綿的山峰高接雲天啊，飛鳥不通。懷念家鄉的遊子啊，不知西東。不知西東啊，頭頂上的蒼天卻是一般相同。身處之地縱然相隔甚遠啊，都在四海的環繞之中。豁達的人啊到處為家，又何必守住那舊居一棟？魂靈啊，魂靈啊，不要悲傷，不要驚恐！

再唱一支歌來安慰你：我與你都是離鄉背井的苦命人啊，蠻人的語言誰也聽不懂，性命沒指望啊，前程一場空。假使我也死在這地方啊，請帶著你子你僕緊相從。我們一起遨遊同嬉戲，其樂也無窮。駕馭紫色虎啊，乘坐五彩龍；登高望故鄉啊，放聲嘆息長悲慟。假使我有幸能生還啊，你還有兒子僕人在身後跟從；不要因為沒有伴侶啊，就悲悲切切常哀痛。道旁累累多枯塚啊，中原的遊魂臥其中，與他們一起呼嘯，一起散步從容。餐清風，飲甘露啊，莫愁饑餓腹中空。麋鹿朝為友啊，到晚間再與猿猴棲一洞。安心守分居墓中啊，可不要變成厲鬼村村寨寨亂逞兇！

〈瘞旅文〉（原文）

維正德四年秋月三日，有吏目云自京來者，不知其名氏，攜一子一僕，將之任，過龍場，投宿土苗家。予從籬落間望見之，陰雨昏黑，欲就問訊北來事，不果。明早，遣人覘之，已行矣。

薄午，有人自蜈蚣坡來，云：「一老人死坡下，傍兩人哭之哀。」予曰：「此必吏目死矣。傷哉！」薄暮，復有人來，云：「坡下死者二人，傍一人坐歎。」詢其狀，則其子又死矣。明日，復有人來，云：「見坡下積屍三焉。」則其僕又死矣。嗚呼傷哉！

念其暴骨無主，將二童子持畚、鍤，往瘞之，二童子有難色然。予曰：「嘻！吾與爾猶彼也！」二童憫然涕下，請往。就其傍山麓為三坎，埋之。又以隻雞、飯三盂，嗟籲涕洟而告之，曰：

嗚呼傷哉！繄何人？繄何人？吾龍場驛丞餘姚王守仁也。吾與爾皆中土之產，吾不知爾郡邑，爾胡為乎來為茲山之鬼乎？古者重去其鄉，遊宦不逾千里。吾以竄逐而來此，宜也。爾亦何辜乎？聞爾官吏目耳，俸不能五斗，爾率妻子，躬耕可有也，胡為乎以五斗而易爾七尺之軀？又不足，而益以爾子與僕乎？嗚呼傷哉！

爾誠戀茲五斗而來，則宜欣然就道；胡為乎吾昨望見爾容蹙然，蓋不任其憂者？夫衝冒霧露，扳援崖壁，行萬峰之頂，饑渴勞頓，筋骨疲憊，而又瘴癘侵其外，憂鬱攻其中，其能以無死乎？吾固知爾之必死，然不謂若是其速，又不謂爾子、爾僕亦遽然奄忽也！皆爾自取，謂之何哉！吾念爾三骨之無依，而來瘞爾，乃使吾有無窮之愴也。

嗚呼傷哉！縱不爾瘞，幽崖之狐成群，陰壑之虺如車輪，亦必能葬爾於腹，不致久暴露爾。爾既已無知，然吾何能違心乎？自吾去父母鄉國而來此，二年矣，歷瘴毒而苟能自全，以吾未嘗一日之戚戚也。今悲傷若此，是吾為爾者重，而自為者輕也。吾不宜復為爾悲矣。

吾為爾歌，爾聽之。歌曰：連峰際天兮，飛鳥不通。遊子懷鄉兮，莫知西東。莫知西東兮，維天則同。異域殊方兮，環海之中。達觀隨寓兮，奚必予宮。魂兮魂兮，無悲以恫！

又歌以慰之曰：與爾皆鄉土之離兮，蠻之人言語不相知兮。性命不可期，吾苟死於茲兮，率爾子僕，來從予兮。吾與爾遨以嬉兮，驂紫彪而乘文螭兮，登望故鄉而噓唏兮。吾苟獲生歸兮，爾子爾僕，尚爾隨兮，無以無侶悲兮！道旁之塚累累兮，多中土之流離兮，相與呼嘯而徘徊兮。餐風飲露，無爾饑兮。朝友麋鹿，暮猿與棲兮。爾安爾居兮，無為厲於茲墟兮！

## 02——君子住到了那裡，怎麼還會簡陋呢？

〈瘞旅文〉中，王陽明說自己之所以能夠在這麼惡劣的環境下活下來，靠的是「沒有一點憂戚的情緒」。確實如此。

王陽明到了龍場，既來之，則安之。沒有房子，他就和僕人動手搭建草屋。後來在山裡發現一個山洞，很像老家紹興會稽山上的陽明洞天，就把家搬到了山洞，命名為「陽明小洞天」。

山洞裡很冷，他的三個僕人生病了。吃草藥也沒有什麼用。當地人相信生病是得了什麼詛咒，僕人聽了非常害怕。王陽明就說自己會打卦算命，然後就像巫師那樣，為他們算卦，告訴他們詛咒已經解除了。神奇的是，他們的病很快就好了，應該是心理暗示的作用。

王陽明自己也生了病，當地人想用巫術幫他治病，被他謝絕了。他靠著打坐和吃草藥，自己治好了自己的病。

在龍場，王陽明慢慢地融入了當地人的生活，贏得了當地人的尊敬。看到王陽明住在山洞裡，他們主動蓋了一所新房子給他居住。王陽明把這所新居命名為「龍岡書院」，把其中自己的居室命名為「何陋軒」，而且以孔子來勉勵自己，專門寫了一篇文章〈何陋軒記〉。全文的翻譯如下：

從前，孔子打算到九夷去住，大家都認為那裡簡陋落後，不適宜居住。孔子說：「君子住到了那裡，怎麼還會簡陋呢？」我王守仁因罪被貶謫龍場，龍場遠在夷蔡（今河南南部）之外，如今也屬於邊遠地區，此地依然沿襲著過去的風俗習慣。人們都以為我來自京城，會嫌棄這裡簡陋，不能居住；然而我在這裡生活了十個月，卻很安然快樂，並不認為這裡簡陋落後。

這裡的人們，頭髮束在額頭上，說話像鳥語一樣，居住在山區，穿著奇特的衣服。沒有華麗的車子，沒有高大的房子，也沒有煩瑣的禮節，有著一種淳厚質樸的古代遺風。大概在古時候，禮法沒有完備，就是這個樣子的，不能認為是落後呀。我們中原地區，雖是禮儀之邦，但不少口蜜腹劍、顛倒黑白、狡猾奸詐、外表忠厚而內心歹毒的人。

難道外表文質彬彬，穿戴著禮儀之邦的服飾，遵守規矩法度，就不會鄙陋落後了嗎？夷地的人們不這樣，他們罵人、說粗話，但性情率真淳樸。世人只是因為他們的言辭粗鄙，就認為他們落後，我不以為然。

我剛到這裡，沒有房子居住。住在叢棘之中，非常不舒適；遷到東峰，住在石洞裡頭，卻又陰暗潮濕。龍場的人們，老老少少每天都來看望我，喜歡我，不輕視我，日漸親密。我曾在叢棘的右邊開園種菜，夷民認為我喜歡那個地方，紛紛來砍伐木材，就著那塊地搭建起一座房子給我居住。我於是種上檜柏竹子，又栽上芍藥等花卉，砌好堂前的臺階，置辦好室內的房間，擺上琴書圖畫，講學誦書遊樂之器材大略具備，來交遊的文人學士，逐漸增多。於是到我房子的人，好像來到鬧市，而我也忘記了我居住在偏遠的夷地。於是給房子取名為「何陋軒」，以證實和傳播孔子的話。

唉，華夏興盛，那些典章禮樂，經過聖賢的修訂而流傳，夷地卻沒有，因此稱之為簡陋落後固然可以；然而，後來華夏輕賤道德而專務於法令，搜刮敲詐的辦法用盡，狡猾奸詐，無所不為，毫無渾厚質樸！而夷地之人，好比是沒有雕琢的璞玉、沒有經過加工的原木，雖然粗樸固執，還可以用錘子、斧頭加工，怎麼能夠認為他們鄙陋呢？這正是孔子想要遷居到九夷的原因吧？

儘管這樣，怎麼可以不宣講典章文化呢？現在夷地的風俗，崇尚巫術，敬奉鬼神，輕慢禮儀，放任情感，偏離正道，不合禮節，難免有鄙陋之名聲，這是不講典章文化導致的，然而這不妨礙他們的本質。如果有君子來這裡居住，大概很容易教化他們吧。而我不是能擔此重任的君子，因此寫下這篇記以等待將來的人。

〈何陋軒記〉

昔孔子欲居九夷，人以為陋。孔子曰：「君子居之，何陋之有？」守仁以罪謫龍場。龍場，古夷蔡之外，於今為要綏，而習類尚因其故。人皆以予自上國往，將陋其地，弗能居也；而予處之旬月，安而樂之，求其所謂甚陋者而莫得。

獨其結題、鳥言、山棲、羝服，無軒裳宮室之觀，文儀揖讓之縟，然此猶淳龐質素之遺焉。蓋古之時，法制未備，則有然矣，不得以為陋也。夫愛憎面背，亂白黝丹，浚奸窮黠，外良而中螫，諸夏蓋不免焉。

若是而彬郁其容，宋甫魯掖，折旋矩矱，將無為陋乎？夷之人乃不能此，其好言惡詈，直情率遂，則有矣。世徒以其言辭物采之眇而陋之，吾不謂然也。

始予至，無室以止，居於叢棘之間，則鬱也；遷于東峰，就石穴而居之，又陰以濕。龍場之民，老稚日來視予，喜不予陋，益予比。

予嘗圃于叢棘之右，民謂予之樂之也，相與伐木閣之材，就其地為軒以居予。予因而翳之以檜竹，蒔之以卉藥，列堂階，辦室奧，琴編圖史，講誦遊適之道略具，學士之來游者，亦稍稍而集。於是人之及吾軒者，若觀於通都焉，而予亦忘予之居夷也。因名之曰「何陋」，以信孔子之言。

嗟夫！諸夏之盛，其典章禮樂，歷聖修而傳之，夷不能有也，則謂之陋固宜；于後蔑道德而專法令，搜抉鉤縶之術窮，而狡匿譎詐，無所不至，渾樸盡矣！夷之民，方若未琢之璞、未繩之木，雖粗礪頑梗，而椎斧尚有施也，安可以陋之？斯孔子所為欲居也歟？

雖然，典章文物，則亦胡可以無講？今夷之俗，崇巫而事鬼，瀆禮而任情，不中不節，卒未免於陋之名，則亦不講於是耳。然此無損於其質也。誠有君子而居焉，其化之也蓋易。而予非其人也，記之以俟來者。

## 03——無論身處什麼環境，都應該做自己該做的事

〈瘞旅文〉和〈何陋軒記〉這兩篇文章值得我們一讀再讀，尤其是在我們遇到逆境的時候，這兩篇是最好的勵志文。

我們可以想像一下，如果我們遇到了像王陽明這樣的倒楣事，會怎樣做呢？但在回答這個問題之前，我們應該首先回答另一個問題：我們會不會像王陽明那樣上書皇帝為別人伸張正義？

一五〇六年的時候，王陽明的人生正在漸入佳境，有一個不錯的官職，還有講學贏得的名聲，正在進入傳統中國知識分子理想的人生狀態。此時卻發生了一件因彈劾官員引發的風波，幾乎斷送了王陽明的仕途。

其實，王陽明和此事幾乎沒有任何關係，他完全可以不管這件事。但是，他經

過深思之後，卻管了這件閒事。這一件閒事，差一點為自己惹來殺身之禍，值得嗎？

明朝一直存在著宦官和文官之間的權鬥，宦官接近皇帝，掌控了皇帝，但又常常不學無術，貪贓枉法，造成小人當道、官場腐敗的局勢。到明武宗的時候，這種情況特別嚴重。

劉瑾是明武宗朱厚照（年號正德）的小太監，也是從小的玩伴。朱厚照當皇帝的時候只有十五歲，他的父親死前為他安排了三位輔助大臣：李東陽、劉健、謝遷。三人都是名重一時的人物，其中李東陽是著名的詩人。但武宗不喜歡文官，不喜歡有什麼規矩束縛自己，他喜歡的是和劉瑾一起無拘無束的遊玩。

結果，朝廷形成了以皇帝和劉瑾一方的太監集團和以劉健等為首的文官集團。文官集團希望皇帝能夠按規矩做皇帝，治理國家，和太監集團產生了激烈的鬥爭。他們不斷地上書皇帝，希望皇帝遠離太監，但都沒有什麼效果。謝遷和劉健以辭職的行為，想要喚醒皇帝，卻還是沒有用。

當時明朝的首都有兩個：北京和南京。北京的文官集團失敗了，但南京的文官接著又向皇帝諫言。一個名叫戴銑的言官，連同另一個言官，上書皇帝彈劾劉瑾，言辭非常激烈，直接怒罵劉瑾等人是閹黨、小人。結局是，皇帝認為戴銑等人一派胡言，把他們都關進了監牢裡。

王陽明就是在戴銑入獄後，向皇帝寫了一封信，為戴銑他們說情。戴銑並非王陽明的親戚或好友，王陽明這樣做，在我看來，是他立志的「種子」在起作用。他要做聖賢，在這樣的情況下，理當上書皇帝，告誡皇帝走上正確的道路，這是臣子的責任。他當然知道危險，但對於一個立志做聖賢的人，聖賢的原則高於一切。總之，王陽明覺得他必須順從自己的內心，去做這樣一件很危險的事情。果然，這封信讓他付出了沉重的代價。

明知道危險，但出於原則，仍然去做了，我們一般人並不容易做到。即使做到了，被抓進監獄，往往又會憤恨、埋怨，覺得上天不公，讓好人蒙冤。自己明明沒有做錯什麼，卻要進監獄，實在是沒有天理。但王陽明還是相信天理，還是那顆「做聖賢」的「種子」在推動著他。他對自己的行為沒有感到一絲後悔，更沒有怨天尤人。

最痛苦的時候，他有過懷疑，覺得自己走仕途是不是走入了歧途，是不是應該逍遙山水間？但很快，他的成聖之志，讓他覺得只要能讓皇帝醒悟，就算自己死了也無所謂。像周文王一樣，他埋頭學習《周易》，寫了一首〈讀易〉。《易經》把王陽明帶到了宇宙規律這樣一個宏大的背景裡，給了他莫大的安慰。

到了龍場，王陽明一直在追問自己：「聖人處此，更有何道？」假如聖人也像我一樣，被流放到龍場，會怎麼做呢？

〈何陋軒記〉算是一個回答，開篇引述孔子的那一句話特別深刻。孔子的意思是，再簡陋的地方，如果是君子去了，就不會簡陋了。或者說，君子去了再簡陋的地方，都不會困在簡陋裡，而是會讓這個地方變得不再簡陋。

這是儒家聖人的信念：人格的力量可以改善環境。這句話應該給了王陽明巨大的力量。不到三年，他就讓龍場變得不再簡陋了。

《中庸》裡對孔子的這句話有過進一步的解讀。王陽明在搬到陽明小洞天後，寫了一首詩，裡面用了《中庸》裡這句話作為典故：

「夷居信何陋，恬淡意方在。豈不桑梓懷，素位聊無悔。」

這裡的「素位」出自《中庸》：「君子素其位而行，不願乎其外。素富貴，行乎富貴；素貧賤，行乎貧賤；素夷狄，行乎夷狄；素患難，行乎患難；君子無入而不自得焉。在上位，不陵下；在下位，不援上。正己而不求於人則無怨。上不怨天，下不尤人。故君子居易以俟命，小人行險以僥倖。子曰：『射有似乎君子，失諸正鵠，反求諸其身。』」

這段話的大意是：君子安於現在所處的地位去做應該做的事，不生非分之想。處於富貴的地位，做富貴中自己應該做的事；處於貧賤的狀況，做貧賤中自己應該做的事；處於偏僻地區，就做偏僻地區中自己應該做的事；處於患難之中，就做患難中自己應該做的事。君子無論處於什麼情況下都是安然自得的。處於上位，不欺侮在下位的人；處於下位，不攀援在上位的人。端正自己而不苛求別人，這樣就不會有什麼抱怨了。上不抱怨天，下不埋怨人。所以，君子安居現狀來等待天命，小人卻鋌而走險妄圖獲得非分的東西。孔子說：「君子立身處世就像射箭一樣，射不中，不怪靶子不正，只怪自己箭術不行。」

這段話強調，一個君子，不管身處什麼樣的環境，都應該做自己應該做的事，而不應該因環境艱難就自暴自棄；一個君子，不管外在環境如何，能夠從自己的內心去學習、去行動，從而完善自己。也就是說，自己內心的力量可以改變環境，而不是讓環境改變自己。

這是王陽明從監獄到龍場之後，自己切身的感受。可以說，他以自己的經歷印證了這段話。

「聖人處此，更有何道」的問題，把王陽明帶向了徹底的覺悟。

據說，他帶著這個問題每天靜坐，很快參透了榮辱得失。但在蠻荒之地，心中還有死亡的恐懼。於是，他為自己做了一副棺材，去棺材邊打坐。有一天夜晚，王陽明在靜坐中，思考「聖人處此，更有何道」，突然悟出了格物致知之旨，好像是睡夢裡有人告訴他一樣，終於明白了「聖人之道，吾性自足」。這個場面，就是著名的「龍場悟道」，標誌著王陽明心學的正式出現。

## 04——心的力量，把王陽明帶出了現實的困境

在王陽明遇到重大挫折的時候，少年時「做聖賢」的立志，把他帶到了一個更廣闊的背景裡，他穿越時空，和孔子、孟子在一起，和宇宙規律在一起。

為什麼立志那麼重要？為什麼立志是一顆種子？就是因為立志讓我們跳出世俗的框架，把自己放在了一個非常廣闊的背景裡，在這個大背景裡，淡化了或轉化了當下的痛苦。

立志確實像種子，會讓我們不斷成長。

很多年後，王陽明批評他的學生：「大家的學問沒有進步，主要是由於沒有立志。」

一個學生站起身來答道：「我也願意立志。」

王陽明說：「很難說你不立志，但不一定是聖人的志向。」

學生回答：「我願意立定做聖人的志向。」

王陽明說：「你真有做聖人的志向，良知就會無窮無盡。良知上若還有別的牽掛，就一定不是做聖人的志向了。」

如果我們不瞭解王陽明的經歷，可能會覺得這是一句空話；但如果我們瞭解了王陽明的經歷，就會知道這是他發自肺腑的話。

因為「聖人的志向」切實地幫助了他。

想像一下，王陽明的「志向」如果只是當大官，那麼，遇到牢獄之災，遇到流放發配到邊地，他會怎麼樣呢？一定會絕望。因為從當官的邏輯看，身處牢獄或邊地，就等於走到了絕望的境地。因為「官」是一個外在的事物，不是我們想當就當的。但是，能否做一個具有聖人人格的人，卻是我們自己可以控制的，在哪裡都可以去成就，而且，越是艱難的環境，越能成就我們的人格。

如果說，之前王陽明對於「做聖人」，多少還有點向外的尋尋覓覓，一會兒求神，一會兒求仕，但經過這一次的牢獄之災，到了龍場，在無依無靠的荒涼之地，他終於明白：聖人之道，吾性自足。那個「聖人」就在自己心中，我們自己就可以從心地上去成就，完全不需要向外去求。

向外求，其實也沒有什麼用。你再向皇帝去求，都不能保證讓皇帝改變心意，也不能指望運勢突然好轉，這些都是沒有辦法控制的。

但自己的情緒確實是能夠控制的，應該做什麼，是自己能夠決定的，而且是可以立即著手去做的。與其指望皇帝或劉瑾，不如要求自己馬上做當下能做的事。

這是一個簡單的事實，一直就是如此，但我們經常遺忘了。一旦有什麼事，我們習慣地向外面去尋找解決的方法。向外去尋找是有必要，但從根本上解決問題，還是要靠我們自己。王陽明經過了這麼大的災難，終於悟道。而他悟到的，是一個一直在那裡的事實。

一切的外在依靠都靠不住，一切都要靠自己，靠自己的心。「種子」就在我們的心中，一切我們應該尋找的，也都在我們的心中。這是王陽明生死關頭的覺悟。

很多年以後，王陽明有一個學生問他：「我生病了，怎麼辦？」

王陽明回答：常快樂。

有一位學生患了眼病，十分憂愁，王陽明說：「你是看重眼睛，卻看輕了內心。」

如果我們不瞭解王陽明的經歷，也許會覺得王陽明說的這兩句話是多麼空洞，多麼雞湯。但對於王陽明來說，這兩句話都是實實在在的經驗，沒有半點虛假。

心的力量，確實把王陽明帶出了現實的困境。

做人，需要一顆不斷生長的種子。這顆種子在哪裡呢？在我們心裡。做人，要找到一顆種子，要從我們心田上去找到那一顆種子。

立志的志，本義為志向，也就是心之所向。這就是王陽明心學關於做人的第二條法則：心靈法則。

# 05——人人心中都有一個聖人

在虔州的時候，王陽明的學生陸九川和于中、謙之一起陪著王陽明。

王陽明說：「各人的胸中都有一個聖人，只因自己信心不足，自己把聖人給埋沒了。」

先生接著對于中說：「你胸中原本有聖人。」

于中連忙站起來說：「不敢當，不敢當。」

王陽明說：「這是你自己所有的，為什麼要推辭呢？」

于中還是說：「不敢當，實在不敢當。」

王陽明說：「每個人都有，更何況你呢？你為什麼要謙讓呢？這是謙讓不得的。」

于中於是笑著接受了。

蕭惠熱衷於道家、佛家。王陽明警示他說：「我自幼篤信佛、老，自認很有收穫，並覺得儒家不值得去學。後來，在貴州龍場這個邊遠的蠻夷之地住了三年，才領悟到聖人之學是如此的簡易、廣大，才後悔自己三十年的氣力用錯了地方。大體上，佛、老學問的精妙與聖人的差別只在毫釐之間。你如今所學的，只是佛、老的糟粕，你卻如此自信地信奉，簡直就像鴟鴞偷得了腐鼠。」

蕭惠向王陽明請教佛、老之學的精妙之處。

王陽明回答：「我和你說聖人之學簡易廣大，你不肯問我所感悟的，卻問我所後悔的。」

蕭惠慚愧地道歉，向王陽明請教什麼是聖人之學。王陽明說：「現在你只是做表面功夫，為敷衍了事而問，等你真有了一個為聖人的心之後，我再和你講也為時不晚。」

蕭惠再三向王陽明請教。王陽明說：「我已經用一句話全部說盡了，而你還沒有明白。」

王陽明講的，一般人確實不太容易明白。有了一顆為聖人的心，人生的事就變得非常簡單，就只成為一件事。這是王陽明自己親身體驗的，所以他覺得很簡單，但對於一般人來說，好像很不合理。

在王陽明看來，人人都應該成為聖人，因為人人心中有一個聖人。聖人，是我們原本就具有的東西。

但是，人們往往不願意成為聖人，而一定要去追求升官發財，因此，人生的路往往充滿煩惱痛苦。因為這些東西不是我們內心具有的東西，不是我們能夠掌控的。如果我們去成為我們應該成為的那一種人，比如，立志成為一個能夠幫助別人的人，立志要具有聖人人格，做一個踐行忠恕之道的人，或者，立志要做一個自由的人，這一些目標，是自己願意就一定能夠做到的。如果我們把時間和精力花費在我們自己願意就能做到的事情上，而不是過多關注那些掌控不了的事情，我們就會擁有富足的人生。

王陽明也認為，其實人人都是天才，因為我們的內心有無窮的能量，但我們的私欲蒙蔽了心裡的能量。所以那麼多的天才，因為不願意回到自己明亮的內心，反而變成了笨蛋。人人都是聖人，人人都是天才，不是能不能的問題，而是人們肯不肯的問題。這是一個奇怪的現象，明明可以做成的事，人們不肯去做。但做不成的事，卻癡癡地糾纏不清。

一說到做聖人，人們都會說很難。經常聽到的一句話是：我又不是聖人，我怎麼能做得到這個？但實際上，你就是聖人，你應該可以做到，只是你不肯去做。

關於這個問題，我想分享一部奧斯卡獲獎電影。二〇一六年，梅爾・吉勃遜執導的《鋼鐵英雄》（*Hacksaw Ridge*），講了一個普通人可以做到很神性的事情。可以說，這部電影不僅僅告訴了我們每一個人具有神性，還可以幫助我們理解王陽明講的「立志」是什麼。（王陽明的立志其實是一種信仰和信念。）

一個名叫杜斯的男人，因為童年時代的一次經歷而信奉《聖經》裡「不得殺人」的戒條，並立志終身不拿槍。杜斯對於上帝的信仰，就這樣凝聚在一個好像很小很小的細節上。不拿槍，不殺人，也就是不傷害別人，成為一個單純的人，一個單純的信奉上帝的人。

信仰不只是口號，不只是道理，不只是儀式，不只是一種時尚，而是內心堅定的信念，以及實實在在的生活方式。杜斯的信仰，是不是基督教或天主教，並不重要。重要的是杜斯顯示了一個真正有信仰的人所具有的特質：一定要讓自己成為自己應該成為的人。就像王陽明所宣導的，一個真正的人，不應該把目標定位在做什麼官，而是要讓自己成為聖人，每個人內心都有良知，只要激發自己內心的良知，每個人都可以成為聖人。

信仰不是對於別人的要求，而是對於自己的要求。一個有信仰的人，不管社會怎麼樣，不管別人怎麼對待自己，他都堅定地按照自己的信仰去生活。說得通俗點，就是一根筋。電影裡，杜斯的戰友，甚至他的女朋友，都覺得他是一個瘋子。他做了一件匪夷所思的事情：不拿槍，就上了前線，最終救了七十五個傷兵，恍如一個奇跡。一般人很難相信，但世界上真的有這樣的人。

但事實上，這是一個真實的故事。《鋼鐵英雄》最後出現的真實人物的照片、旁白，非常震撼。這不是一個編造的故事，而是一個事實的呈現。用一位評論家的話說，幾乎完全想像不出這樣一個故事。

電影用了很長的時間，講述了杜斯如何堅持做一個不拿槍的士兵。在別人看來，這完全沒有必要。他的女朋友也勸他：不就是認一個錯嗎？認個錯就可以回家了。當然，在他的戰友看來，你都已經決定上戰場了，還為什麼那麼矯情地堅持不拿槍？

正是前面的鋪墊，後半段戰爭的殘酷，以及杜斯的救人，才顯得如此震撼，喚醒了我們深刻的思考。有人說，梅爾・吉勃遜塑造了一位聖人，但這位聖人恰恰是現實裡真實的人物。這真是一件耐人尋味的事。

杜斯的行為顯示了，真正的立志意味著相信在人之外有更高的存在，相信人能夠憑著信心和堅持不懈得到救贖。真正的信仰意味著不要求別人的什麼善意，只要求自己把自己的善意融入世界，不要求別人要遵循什麼，只要求自己不論在什麼情況下都一定要遵循本心的指引。

真正有信仰的人，把一生都當作了自我完善的修行。

我們在現實生活裡經常會感受到個人的理想和現實之間的衝突，個人的茫然和無助、感傷。個人往往會游離於現實之外。在梅爾・吉勃遜的電影裡，信仰和現實有著巨大的矛盾，但杜斯沒有茫然，也沒有感傷，他在孤獨裡更堅定地按照自己的信仰去生活。

當我們和現實產生矛盾的時候，大多數人學會的是妥協，一部分人學會的是直接的反抗，一部分人學會的是猶豫、觀望，只有極少數的人，既不是反抗現實，也不是和現實妥協，而是帶著自己的信仰融入現實，完成自己的生命，也改變這個世界。在很多普通人的眼裡，這些少數人是聖者，是怪人，是瘋子。如果，杜斯沒有遇到戰爭，沒有救出七十多個戰友，他的一生，多半被認為是「怪人」的一生。

如何處理個人信仰和現實社會之間的矛盾？杜斯提供了一個富有建設性的個案。佛教歷史上也有一些個案，值得參考。原始佛教經典裡，記載過不少佛教徒如何面對戰爭的故事。比如，有一個故事是這樣的：

某一個國家受到另一個國家的侵略，國王是一個虔誠的佛教徒，他不願意人民為他去打仗，也不願意敵國的人民受到殺戮。於是，他就立即打開城門投降了，並對侵略者說：「我潛到水底去，你們讓我的人民自行離開，直到我冒出水面。」等了很久，老百姓都已經離開了城市，國王還沒有浮出水面。下去一看，他把自己綁在了一塊石頭上。

這些故事傳達的理念，是佛教徒寧願犧牲自己，也不願意犧牲別人。

但在現實生活裡，這是一件非常困難的事情。有時候，我們的慈悲，我們的自我犧牲，很可能是助紂為虐。在這一點上，抗日戰爭期間，太虛、印光等高僧有很智慧的表現，他們不會以「不起分別心」去否認戰爭的人間是非性質，也不會以慈悲心放棄對侵略的抵抗。當時，中國一些僧人，採用的就是杜斯的方法，不拿武器，但上前線當救護兵。在殘酷的殺戮戰場，一心救人。

王陽明的一生，恪守並踐行了儒家的信念，成就了聖人人格。

而這部美國電影，給了王陽明的「心靈原則」另一個完美佐證。

應該做的事，如果你堅定地去做，就一定能夠做到。小到日常生活裡，早起早睡的習慣，清淡的飲食習慣，大到信仰層面的事情，如果我們不為自己找藉口，總是可以做到的。

## 06——你不看時，這花和你的心一樣寂靜

既然「聖人之道，吾性自足」，那麼，這也就是「心外無物」的意思。

心外怎麼會無物呢？

有一次，王陽明和幾個朋友遊覽南鎮，一位朋友指著山岩中的花樹問：「先生認為天下沒有心外之物，但像這株花樹，它在深山中自開自落，和我的心又有什麼關係呢？」

王陽明回答：「你沒有看到這花的時候，這花和你的心同樣寂靜。你來欣賞花時，這花的顏色就顯現出來。由此可知，這花不在你的心外。」

一般人會覺得，花自己在深山裡自開自落，是獨立於心的存在，是一個客體。

但王陽明說：你沒有看到花的時候，這花和你的心同樣寂靜。用了「寂靜」這個詞。

當花沒有和心相遇時，只是寂靜，不能說它存在，也不能說它不存在。

我們很難理解這種寂靜，既不是不存在，也不是存在，因為長期以來我們習慣於二元論的思維：主觀／客觀，心／身，明／暗，等等。這些二元分立確實是我們看得到的，但一切分立的背後，其實依然是一元的，更確切地說，是整體的。

任何存在的東西不可能是獨立的，都是因著一個整體而存在。以花為例，我們見到一朵花，心情很愉快。這樣一個景象是由一個整體共同完成的，這個景象的完成，或者說，花的存在，除了花朵之外，還需要眼睛、意識，這三者缺一不可。當我們沒有見到它，也就是它寂靜的時候，它之所以存在，是因為我們的想像，是因為我們的意識裡有「花」的概念。

從整體上看，如果人類的意識不存在，花以及整個我們認識中的物質世界也不會存在。更確切地說，如果建構了我們現在這個宇宙的意識不存在了，這個宇宙也就不存在了。

所以，萬物唯「心」造。這個「心」，就是王陽明所說的「心」，不是「身／心」

的「心」，而是把這個整體統一起來的「心」。

今天我們學習王陽明心學，一定不能把它看作是心理學。心理學是西方現代科學，屬於二元論，把人的身體和心靈分為兩個不同的東西，把主觀、客觀看作兩個不同的東西。如果從心理學層面去理解王陽明心學，包括禪宗、老莊等，很容易把它們僅僅當作一種心態的調節。包括對於陶淵明的許多行為，如果只是從心理學層面去理解，往往不過是「心態好」而已，就會成為很多人自我麻醉的雞湯。

實際上，從老莊、陶淵明、禪宗，到王陽明，他們信奉的都是一元論，他們講的心，講的天理，講的性，都是一元論的東西；只有從一元論的角度去理解，才能把握到他們的真正意義。

從一元論上看，王陽明所說的「心」，所說的「良知」，不是心態的「心」，也不是心理的「心」，而是本體意義上的「心」，良知也是本體意義上的「良知」，簡單地說，王陽明講的心和良知，指的是本原性的東西。所以，王陽明才會反覆說，良知就是樹的根。

我們要找到並實現我們的良知，就因為它是根。只有找到了根，你的生命才能枝繁葉茂，也只有找到了根，你的生命才能成為一個整體。也可以說，良知是生命之水的源泉，我們的生命像水一樣流逝，只有找到了源泉，才能生生不息、源源不斷，才能成為一個整體。

心是天理，是良知，也是整體性。或者說，心是一種把一切統攝起來的力量。因此，心外當然無物，因為心就是物。

當王陽明說心外無物，說心即天理，就是良知，我們要致良知，他的意思是要我們回到那個整體性中。賈伯斯反覆說「你要回到內心」，他的意思也是我們應該回到整體性中，而不應該生活在分裂的碎片裡。

心，意味著一個整體性的世界，意味著一個有秩序的世界。所以，心即物，心即宇宙。

有人問王陽明：「人心與物同為一體。例如，我的身體原本就是血氣暢通的，所以稱同為一體。但我和別人，就是異體了，與禽獸草木就差得更遠了。那為什麼還要說我和別人、和禽獸草木都是同為一體呢？」

王陽明說：「如果你從感應的徵兆上去觀察，那麼，豈止禽獸草木，即便天地，也是與你同體的，鬼神也是與你同體的。」

此人再次就這句話請教王陽明。王陽明說：「你看看在這個天地的中間，什麼東西是天地的心？」回答：「聽說人是天地的心。」

王陽明說：「人又把什麼東西稱為心？」回答：「只是一個靈明。」

王陽明說：「由此可知，充盈天地之間的，只有這個靈明。人只是因為形體，把自己與其他一切隔離開了。我的靈明就是天地鬼神的主宰。天，如果沒有我的靈明，誰去仰望它的高大？地，如果沒有我的靈明，誰去俯視它的深厚？鬼神，如果沒有我的靈明，誰去分辨它的吉凶福禍？天地鬼神萬物，如果離開了我的靈明，也就不存在天地鬼神萬物了。我的靈明，如果離開了天地鬼神萬物，也就不存在我的靈明瞭。這些，都是一氣貫通的，哪能把它們隔離開來？

「人即天地之心。天地萬物與我原本是一體。平民百姓遭受的困苦荼毒，又有哪一件不是自己的切膚之痛？不知道自身的疼痛，是沒有是非之心的人。人的是非之心，根本不須考慮就能知道，根本不須學習就能具備，這就是所謂的良知。良知存在於人心之內，沒有聖賢和愚笨的分別，古今天下都是一樣的。世上的君子，只要一心實現良知，就自然能辨別是非，好惡分明。對待他人若待自己，愛國如愛家，從而與天地萬物融為一體。如能如此，就一定能夠治理好國家。

「古人看到善就像自己做了好事；看到惡就像自己做了壞事；把百姓的饑餓困苦看成是自己的饑餓困苦；只要有一個人沒有安頓好，就覺得是自己把他推進了陰溝。這樣做，並不是想以此來獲得天下人的信任，而是一心實現良知以求自己心安罷了。堯、舜、禹、湯等聖人，他們說的話百姓們沒有不信任的，這是因為，他們所說的也只是表現了自己的良知；他們做的事百姓們沒有不喜歡的，這是因為，他們所做的也只是實現了自己的良知。因此，他們的百姓和樂而滿意，即便被處死也沒有怨恨之心，百姓們獲得利益，聖人也不引以為功。把這些推廣到蠻夷地區，凡是有血氣的人無不孝敬自己的父母，因為他們的良知是相同的。唉！聖人治理天下，是何等的簡單易行！」

回到內心，就是超越界限，和天地一體，回到整體性中。

徐愛有一次問王陽明：「如果只從心裡去尋求至善，會不會無法窮盡天下所有的事理呢？」

王陽明說：「心就是理啊。天下難道有心外之事、心外之理嗎？」

徐愛說：「比如侍奉父親的孝道、侍奉君主的忠誠、結交朋友的誠信、治理百姓的仁愛，其間有許多道理，大概也不能不去細細探究考證吧。」

王陽明感慨地說：「這種說法蒙蔽世人很久了，不是一兩句話就能說得清楚的。姑且就你問的來聊一聊。比如侍奉父親，不是從父親那裡求得孝的道理；侍奉君主，不是從君主那裡求得忠的道理；交友、治理百姓，不是從朋友和百姓那裡求得信和仁的道理。孝、忠、信、仁都在這個心裡面。心就是理。人心沒有被私欲遮蔽，就是天理，不用到心外去增添分毫。用這顆純乎天理的心，表現在侍奉父親這件事上就是孝道，表現在侍奉君主這件事上就是忠誠，表現在交友和治理百姓上就是誠信和仁愛。只要在自己心中下功夫摒除私欲、存養天理就可以了。」

徐愛說：「聽先生這麼一點，我覺得已經有一點點明白了。但從前的看法太根深蒂固，依然縈繞心中，還不能完全擺脫。例如侍奉父親，那些噓寒問暖、早晚請安之類，有許多的細節，不也需要講求嗎？」

王陽明說：「怎麼能不講求呢？但是，要分清主次，在自己心中去私欲、存天理的前提下去講求。像寒冬為父母保暖，也只是要盡自己的孝心，唯恐有絲毫私欲夾雜其間；炎夏為父母避暑，也只是要盡自己的孝心，唯恐有絲毫私欲夾雜其間。只是講求有這份心，這份心如果沒有私欲，純粹是天理，是顆誠懇孝敬父母的心，那麼，冬天自然會想到為父母防寒，會主動去掌握保暖的辦法；夏天自然會想到為父母消暑，會主動去掌握消暑的辦法。這都是那顆誠摯於孝順父母的心生發出來的條件，但卻必須先有這顆誠於孝順的心，然後，才有這些條件表現出來。拿樹木做比喻，孝敬的心是根，盡孝的行為是枝葉。必須先有根，才有枝葉，不是先找了枝葉，然後去種根。《禮記》上說：『孝子有深切的愛心，就一定有和悅的氣度。有和悅的氣度，就一定有愉快的神色。有愉快的神色，就一定有和順的姿容。』必須有深愛之心作為根本，便自然會這樣了。」

王陽明以孝、忠、信、仁四件事開導徐愛。比如，孝順父母，好像是父母需要孝順，才去孝順，實際上，是我們自己身上的孝心在驅使我們去孝順，也只有找到我們自己的孝心，才是真正的孝順。

## 07——你的人生是一條河流，慢慢融入大海

心外無物，但自己深受二元習氣影響的心，總是要追求外物，怎麼辨呢？

王陽明回答：「君主莊嚴臨朝，六卿各司其職，天下一定大治。人心統領五官，也要這樣。如今眼睛要看時，心就去追求色相；耳朵要聽時，心就去追求聲音。就像君主挑選官員，就親自到吏部；要調遣軍隊，就親自去坐在兵部。這樣，難道不是有失君主的身份嗎？六卿也不能盡到他們的職責。」

這裡，王陽明點出了心學最重要的一點：人的心是一個統領。

我們的一切行為，其實都是心在起作用，我們想要掌控自己的生活，就必須掌控心。

如何掌控心呢？首先是透過五官。心首先透過五官在發揮作用，所以，我們要從五官上去探究心的力量。

蕭惠和王陽明有一段對話，比較詳細地討論了心如何起作用。

蕭惠問：「我有為自己著想的心，但不知為什麼還是不能克己？」

王陽明說：「你說說你為自己著想的心是怎樣的？」

蕭惠沉思良久，說：「我也一心要做好人，就自己覺得很有為自己著想的心。現在想來，我也只是為了一個自己的肉身，而不是為真正的自己。」

王陽明說：「真正的自己怎能離開肉身？恐怕你連那肉身層面的自己也還沒有好好著想。你所說的自己的肉身，難道不就是指耳、目、口、鼻、四肢嗎？」

蕭惠說：「正是為了這些。眼睛愛看美色，耳朵愛聽美聲，嘴巴愛吃美味，四肢愛享受安逸。因此便不能克己。」

王陽明說：「美色使人目盲，美聲使人耳聾，美味使人口傷，放縱令人發狂。所有這些，對你的耳目口鼻和四肢都有損害，怎麼會有益於你的耳目口鼻和四肢呢？如果真的是為了耳目口鼻和四肢，就要考慮耳朵應當聽什麼，眼睛應當看什麼，嘴巴應當說什麼，四肢應當做什麼。只有做到『非禮勿視，非禮勿聽，非禮勿言，非禮勿動』，才能實現耳目口鼻和四肢的功能，這才真正是為自己的耳目口鼻和四肢著想。

「你如今成天向外去尋求名、利，這些只是為了外在的身體。如果你真的是為了自己的耳目口鼻和四肢，就一定會『非禮勿視，非禮勿聽，非禮勿言，非禮勿動』。這個時候，並非你的耳目口鼻和四肢會自動不看、不聽、不說、不動，而是你的心指引的。這些看、聽、說、動就是你的心。你內心的看，透過眼睛來實現；你內心的聽，透過耳朵來實現；你內心的說，透過嘴巴來實現；你內心的動，透過四肢來實現。

「如果你的心不存在，也就沒有你的耳目口鼻。所謂你的心，也不僅僅指那一團血肉心臟。如果心專指那團血肉，現在有個人死去了，那團血肉仍在，但為什麼不能視、聽、言、動呢？所謂的真正的心，是那能使你視、聽、言、動的『性』，亦即天理。有了這個性，才有了這本性的生生不息的事理，稱之為仁。這生生不息的天理，顯現在眼睛就能看見，顯現在耳朵就能聽見，顯現在嘴巴就能說話，顯現在四肢就能動作；這些都是天理在起作用。因為天理主宰著人的身體，所以又叫心。

「這心的本體，本來只是一個天理，原本沒有不符合禮制的東西存在。這就是你真正的自己，是你身體的主宰。如果沒有真正的自己，也就沒有身體，可以說有了它就能生，沒有它就會死。你若真為了那個身體的自己，就必須依靠這個真正的自己，必須常常保持這個真正自己的本體。做到『戒慎不睹，恐懼不聞』（在人看不到聽不到的地方仍然保持警惕謹慎，唯恐有過錯），唯恐對這個真正自己的本體有一絲損傷。稍有絲毫的非禮萌生，就有如刀剜針刺，不堪忍受，必須扔了刀、拔掉針。這樣才是自己著想的心，才能克己。你現在正是認賊為子，為什麼還說有為自己著想的心，卻不能克己？」

這一段話裡，王陽明又進一步點出了「心」的作用：我們應該做什麼樣的人，這個「應該」，是在我們心裡，心會告訴我們應該怎麼做，應該聽什麼，應該看什麼，應該說什麼。所以，「心者是人之主宰」，我們之所以看見，之所以聽見，之所以會做這做那，都是因為心。

所以，心靈法則是王陽明心學的核心。

心靈法則，就是讓我們時刻聚焦於內心，不斷修煉，漸漸找到一個根源性的東西，找到這個東西之後，就可以一以貫之，一通百通。如果找不到，我們的生活就會很忙亂，做了很多事，但感覺就是無用功，很拚命地做很多事情，但對結果充滿焦慮。

所以，一定要回到我們的內心，找到那個源泉。這個源泉可以讓我們的生命之河源源不斷地流淌，可以讓我們的生命之樹不斷地長出綠葉和樹枝，越來越枝繁葉茂。如果找到了這個本源，那麼，生命絕對就不會是苦役，而是一次奇妙的旅程。這個旅程不是跑步，不是追趕，而是體驗，是融入。

如果把存在比喻為大海，那麼，活著不過是慢慢地融入大海，慢慢地體驗到大海的寬廣和深邃，慢慢地讓你自己成為大海的一部分。

就像羅素所說的：如果你找到了那個本源，那麼，你的一生就像一條河，開始是涓涓細流，被狹窄的河岸所束縛，然後，它激烈地奔過巨石，沖越瀑布。漸漸地，河流變寬了，兩邊的堤岸也遠去，河水流動得更加平靜。最後，它自然地融入了大海，並毫無痛苦地消失了自我。

如果找不到那個本源，那麼，正好相反，隨著年齡的增長，反而會越來越走入人生的死胡同。

## 08——是非來自內心的印證

鄭德夫向王陽明請教：「佛家和儒家到底有什麼不同？」

王陽明說：「你沒有必要去鑽牛角尖，非要把佛家和儒家分出個異同來。不要有這種分別心，不管是儒家還是佛家，只要是正確的，都應該去學習。」

鄭德夫說：「我如何判斷哪些是正確的，哪些是錯誤的？」

王陽明回答：「別人說什麼，都不重要。你應該向自己的心去印證。哪些你心裡能夠安然接受，哪些就是正確的。」

鄭德夫還是很疑惑：「心怎麼能夠判斷是非呢？」

王陽明又進一步解釋：「如果沒有是非之心，就不是人了。每個人對甜和苦的辨別都和美食家易牙一樣；每個人對美醜的分辨都和眼睛明亮的離婁一樣。同樣的道理，每個人心裡對是非的辨別，都和聖人是一樣的。那些心裡不明是非的人，只是因為他們的心對真理不能夠像口之於味、目之於色那樣真誠懇切，所以，被私欲蒙蔽了。對你來說，最重要的就是立誠。只要你的心對真理能夠像口之於味、目之於色那樣真誠的話，自然便可以分清是非了。」

鄭德夫又問：「那麼，讀四書五經是不是沒有用了？」

王陽明回答：「誰說四書五經沒有用呢？是非善惡都記載在這些書裡。問題在於，假如你自己不在內心立誠，那麼，讀四書五經不過是使自己增加一些談資而已，又怎麼能夠獲得明辨是非的能力？」

## 09——最不應該錯過的，是我們自己的心

心靈法則運用在日常生活裡，就是不論我們遇到什麼事，都要從自己內心去找到原因，在自己心田上下功夫。

有一個關於飲酒的實驗，很能說明問題。維吉尼亞理工學院心理學教授史考特．蓋勒（E.Scott Geller）一九八四年開始研究美國大學生的飲酒問題。他在學校附近的酒吧進行了實地考察，發現一般情況下，以桶為單位喝啤酒的人，要比以杯為單位喝啤酒的人，多喝兩倍以上的酒。所以他的結論是：「如果我們禁止使用啤酒桶，飲酒問題就會得到改善。」

但二十七年後，在二〇一一年的美國心理學大會上，他承認啤酒桶不是關鍵，關鍵是「人們想要一醉方休……我們在多項研究中指出，他們的意圖會影響他們的

行為。如果他們想要喝醉，那麼你很難阻止這件事的發生」。

是「想要一醉方休」的心，引起了飲酒問題，而不是酒桶。但我們常常把力氣花在了酒桶上，而忘了那顆「想要一醉方休」的心。只有控制了那顆心，飲酒的問題才能徹底解決。

甚至，我們生活的所有問題，都只有「用心」，才能解決。

我想起六祖的一個故事。

惠能要修報恩寺。方辯塑了一個很逼真的惠能的像。惠能說方辯是個很好的雕塑匠，但不懂佛性。方辯不明白惠能的意思，就離開了。

方辯並不覺得自己有什麼問題，他認為皇帝推崇惠能，下詔建報恩寺，這意味著惠能是皇帝推崇的大師，是學習的榜樣，是研習佛法的老師，所以應該為惠能塑一個像，讓大家來膜拜。

方辯的思路，是我們絕大多數人的思路。我們絕大多數人不會明白惠能的意思。就像我們大多數人，不會明白電影《春風化雨》（*Dead Poets Society*）裡那位老師基廷為什麼要讓學生撕掉教材。教材是我們絕大多數人賴以學習知識的載體，我們總是按照教材羅列的標準和原則，去評判一首詩是好是壞；但是，基廷老師卻說：這是胡扯。

我們每一個人應該用心去讀一首詩。詩的好壞，我們應該用心去品評。

當然，如果你耐心看完電影，你會發現，基廷老師的意思，還不只局限於詩歌，而是在說我們整個的人生，他化用了梭羅的一段話：

我步入叢林，
因為我希望生活得有意義；
我希望活得深刻，
汲取生命中所有的精華。
把非生命的一切都擊潰，
以免在我生命終結時，
發現自己從來沒有活過。

I went to the woods,
because I wanted to live deliberately.
I wanted to live deep,
and suck out all the marrow of life.
To put to rout all that was not life.
And not, when I had come to die,
discover that I had not lived.

我們不應該按照教科書去生活，而應該用心去生活。我們絕大多數人，依靠教科書去生活，依靠偶像去生活，依靠神去生活，唯獨忘了依靠自己的心去生活。

我們一輩子都在追求成功，在追求成功的路上，我們常常擔心錯過什麼，擔心錯過股票的行情，擔心錯過一次偶遇的愛，擔心錯過一次升遷的機會。為了不錯過，我們學習各種技巧。儘管學了很多，錯過的卻更多。

有時候，學到的東西太多，反而會阻礙我們的成功。那麼，簡單的法則是什麼呢？有人認為是找到一個好行業，做一個老員工。

但什麼是好的行業很難判斷。即使是權威經濟學家今年說的好行業，十年後也可能很衰敗。在我看來，如果運用心靈法則，成功的簡單路徑也許是：找到你自己的心，找到可以讓你一輩子陶醉其中的事情，然後用心去做。

讓我們再回到六祖惠能的故事上來。為什麼惠能不贊成方辯在廟裡塑造一個自己的雕像？

不只是出於謙虛，還有更深的考慮，那就是不要塑造偶像，不要建立權威。對偶像、權威的服從會把人引向歧路，會讓人離自己越來越遠。

所以，釋迦牟尼佛在《金剛經》裡甚至說：我什麼佛法也沒有說過。所以，基廷老師要撕掉教科書。

哪有什麼靈丹妙藥呢？哪有什麼放之四海而皆準的答案呢？哪有什麼好的行業

呢？把這些放下，回到自己的內心，你才能找到你自己的成功祕訣。

我們總害怕錯過什麼，怕錯過好的行業，好的行情，好的愛人，好的職位。我們唯一忘了，我們最不應該錯過的，是我們自己的心。

我們在害怕錯過什麼的追逐裡，一次又一次地錯過了我們自己，所以我們不斷地在痛苦和歡樂裡輪回。

怎樣才能不錯過自己呢？不要關心現在什麼行業有前途，也不要關心未來什麼行業有前途。我們最應該關心的是我們自己應該做什麼、應該成為什麼樣的人。

不要輕易放棄你的愛好，哪怕是那些看起來無用的業餘愛好。堅持你的愛好，這是找到自己的第一步。從堅持愛好開始，你會慢慢找到你一生的事業，找到能夠讓你安定一生的那件事；從你的事業裡，你會慢慢明白，自己一生應該要成為什麼樣的人。

不要從外部開始，不要妄想著從外部去找答案，去求神靈，去找好的行情……試試看，從自己身上開始，從自己內心開始。

然後，再延伸到外部，找到最適合自己的工作，找到最適合自己的情愛關係……

這樣會不會容易一些？這樣會不會安定一些？

# 10——工作或職業不過是爲人類謀幸福的手段

二〇一八世界盃期間，朋友圈裡都在議論冰島足球。不是因為他們贏了，而是因為這支球隊的所有成員都是兼職。據說他們的門將是導演，他們的教練是牙醫。又有人發現冰島的總理也是「兼職」，曾經得過什麼體育比賽的冠軍。

看看我們自己，每天不是在上班的路上，就是在下班的途中，一輩子固定在一個角色裡，多麼沉悶。

就像蘭姆說的：「如果你命裡注定，將一生的黃金歲月，即光輝的歲月，全部消磨在一個沉悶的辦公室的狹小空間之內；而且，這種牢房似的生涯從你壯盛之時一直要拖到白發蒼蒼的遲暮之年，既無開釋，也無緩免之望，那麼，你就能夠理解一個退休者的心情。」「辦公桌和墳墓是一樣的，區別僅僅在於你坐在辦公桌前的時候只是一件外加的機器。」

一下子想不起是哪個西方哲學家說的：「現代人不知道如何對待自己，如何有意義地度過有生之年，為了擺脫無法忍受的無聊，他被驅使著工作。」

為了生存，「他」需要工作，但是在工作中，「他」根本上處於一種被動的地位，「他」的工作可以被定義為完成機器還不能完成的工作。這種情況產生了不快樂和不滿足的工人。因為人的自尊不能僅僅建立在支票上。

工作的無聊和乏味有一種更為隱藏於內心的反映：「他」恨自己，因為「他」看到了生命流逝，除了短暫的成功的興奮外，毫無意義可言。

鮑伯．布萊克（Bob Black）一九八五年在《廢除工作》（*The Abolition of Work*）的開頭這樣說：「從來沒有一個人應該工作。工作是世界上幾乎所有痛苦的來源。你願意命名的幾乎任何邪惡都來源於工作或生活在一個為工作而設計的世界。為了停止痛苦，我們不得不停止工作。」

所以，冰島隊的勝利不僅僅是贏了足球，而是讓很多人看到了工作之外的更多可能性：人不一定被困在一個固定的角色裡，但另一方面，人們又不得不繼續工作。

很多人厭惡工作但又離不開工作，很多人一輩子在一個公司或單位裡，安分守己，平平安安，也是一種幸福。

讀冰島足球隊隊長的一封信，我還發現了兼職以外的另一種東西，那就是「熱愛」。這個隊長講了他從小熱愛足球，但生在冰島這樣一個地方，無論對足球多麼熱愛，好像都很難成為一個職業球員。

然而，這種熱愛還是讓他打破了很多的不可能。最後，就像我們看到的那樣，他們站在了足球的世界舞臺上。

隊長的信讓我明白，人生的精彩不在於兼多少職，而在於有多少熱愛。如果內心沒有一份熱愛，兼再多的職，也只是漫無目的的跳槽，跳來跳去還是在人生的監獄裡。如果內心擁有一份熱愛，即使一輩子在一個公司，一輩子做著同一種工作，也能讓這種工作散發光芒，也能讓人生從有限的空間變成無垠的天空。

我們之所以在工作中感到壓抑，是因為我們把工作當作了被動的謀生手段。如果我們像《聖經》或佛經裡說的，把工作當作自身成長和造福他人的手段，或者像馬克思說的，「工作或職業不過是為人類謀幸福的手段」，那麼，工作就不再是沉重的負擔了。

就像漢字「工」的字形，如果帶著一份熱愛去工作，「工」字就會成為「王」字，在工作之中我們要成為自己的王。

內心的熱愛，也許只是一份理想，也許只是一個小小的愛好，也許只是一種好奇心，也許只是一種堅持……這些微不足道的東西，卻賦予了生活無窮的意義和樂趣。如果我們放棄了，生活也就枯萎了。

# 三　純粹法則

聖人之所以為聖，只是其心純乎天理而無人欲之雜；猶精金之所以為精，但以其成色足而無銅鉛之雜也。

——《傳習錄．薛侃錄》

# 01——在教育中改變人心

〈何陋軒記〉引用孔子的話，君子到了蠻荒的地方，可以讓這個地方不再蠻荒。意思是君子在蠻荒的地方，還是可以保持君子的人格。

另一個意思是，君子到了蠻荒的地方，會去教化蠻荒的人，會去改善人心。王陽明在龍場，建立了龍岡書院，教化當地人。

既然「心外無物」，「心即理」，「人的心就是天地之心」，那麼，人心是社會的根源。

所以，王陽明的心學，一方面是個人的自我修煉，不斷成長，另一方面是重視教育，在教育中改變人心，從而改變社會。

王陽明一生都在講學，甚至在打仗的時候，還在上課。相比於官員，王陽明可能更願意自己被人看作老師。他一生先後創建了龍岡書院、南寧敷文書院，先後到文明書院、濂溪書院、白鹿洞書院、稽山書院講學。

一五二八年，王陽明已經五十七歲，而且病重，仍然去廣西平定叛亂，在繁重的公務之下，仍然創立了南寧敷文書院，可見他對教育的重視。

而他為龍岡書院學生寫的〈教條示龍場諸生〉，最能體現他的教育理念，貫穿了他的心學法則。全文的翻譯如下：

同學們追隨我到此地，情意深厚。我擔心沒有什麼能幫到你們的，就用四件事來要求你們，互相勉勵，以此答謝同學們的情意。一是立志，二是勤學，三是改過，四是責善。你們要好好聽講，不可不重視。

**立志**

志向不能立定，天下便沒有可以做成功的事情。就算是各種工匠，也是以立志為根本的。現在的讀書人，曠廢學業，墮落懶散，貪玩而荒廢時日，因此百事無成，這都是由於沒有立定志向。

立志做聖人，就可以成為聖人了；立志做賢人，就可成為賢人了。志向沒有立定，就好像沒有舵木的船，沒有銜環的馬，隨水漂流，任意奔逃，最後又到什麼地方為止呢？

古人所說：「假使做好事，可是父母怪罪他，兄弟怨恨他，族人鄉親輕視厭惡他，如果這樣就不去做好事，是可以的。做好事就使父母疼愛他，兄弟喜歡他，族人鄉親尊敬信服他，那麼，為什麼不做好事？為什麼不做君子呢？假使做了壞事，但父母因此而疼愛他，兄弟因此而喜歡他，族人鄉親因此而尊敬信服他，那麼，就做壞事吧。但是，如果做了壞事，父母因此怪罪他，兄弟因此而怨恨他，族人鄉親因此而輕視厭惡他，那麼，何苦要做壞事、做小人呢？」

各位同學想到這點，也可以知道為君子應立定志向了。

**勤學**

已經立志做一個君子，自然應當從事於學問，凡是求學不能勤奮的人，必定是他的志向還沒有堅定的緣故。跟隨我求學的人，不要以聰明智慧機警敏捷為高尚，要以勤奮確實謙遜有禮為上等之選。各位試看你們同學當中，假若有人本來空虛卻裝作充實，本來沒有卻裝作已有，掩飾自己的無能，忌恨他人的長處，自我炫耀，自以為是，用空話騙人的人，假使這個人天資稟賦雖然很優異，同學當中有不痛恨厭惡他的嗎？有不鄙棄輕視他的嗎？他固然可以欺騙人，別人果真就被他欺騙，有不暗中譏笑他的嗎？

假如有人謙虛沉默，自我持重，覺得自己才華不足，堅定意志努力實行，勤奮求學，喜好請教；稱讚別人的長處，並且責備自己的過失；學習別人的長處，並且能明白自己的短處；忠誠守信和樂平易，外表內心一致的人，即使這個人天資稟賦雖然很愚魯遲鈍，同學當中有不稱讚羨慕他的嗎？他固然自認為才華不足，並且不求超越他人，他人果真就以為他是無能，有不尊敬崇尚他的嗎？

各位同學明白了這個道理，也可以知道為君子應勤於治學了。

## 改過

說到過失，就算是賢人，也不會完全沒有，但是不妨礙他最後成為大賢人，因為他能改正啊。所以，做人不是要求沒有過失，但要求能夠改過。各位同學自己想一想，日常有缺少廉恥忠信的德行嗎？有輕視孝順友愛的道理而陷入狡猾奸詐苟且刻薄的習氣嗎？

各位同學恐怕不至於這樣。不幸或者有此情形，都是他不能自知而誤犯過錯，平日沒有老師朋友的講解學習規勸約束的緣故啊。

各位同學試著反省，萬一有近似這樣的行為，固然是要極力地悔過；但是也不應當因此自卑，以至於沒有了充分的改過向善的心，只要能有一天完全除掉舊有的惡習，雖然從前做過強盜賊寇，仍不妨礙他今天成為一個君子啊。

如果想著我從前已經這樣壞，今天雖能改過而向善，別人也將不會相信我，而且也無法補救以前的過失，因此懷抱著羞愧、疑惑、沮喪的心理，而甘願在污穢沉迷中到死，那我也就絕望了。

## 責善

所謂「互相責求向善，是朋友相處的道理」，但是必須做到所謂的「盡心地勸告並且好好地開導他」，盡自己的忠誠愛護的心意，儘量用委婉的態度，使朋友聽到就能夠接受，深思出道理後就能夠改過，對我有感激卻沒有惱怒，才是最好的方法啊。

如果首先揭發他的過失罪惡，極力地斥責，使他無地容身，他將產生慚愧羞恥或憤怒怨恨的心。雖然他想要委屈自己來聽從，可是在情勢上已經不可能。這等於是激怒他，使他做壞事了。

所以凡是當面揭發他人的短處，攻擊揭發他人的隱私，用來換取正直的名聲的人，都不能和他談論要求朋友為善的道理。即使這樣，我用這種態度對待對方，也是不可以的。他人用這種態度加在我的身上，凡是攻擊我的過失的人，都是我的老師，怎麼可以不樂意接受而且內心感激他呢？

我對聖道沒有什麼心得，我的學問是粗淺的。各位同學跟隨我來此求學，我常整夜思量，罪惡還不能免除，何況過失呢？有人說「事奉老師不可以冒犯，也不可以隱諱不說」，因此就說老師沒有可以勸諫的地方。這是不對的。

勸諫老師的方法，要直白卻不至於惡言冒犯，要用委婉的態度不至於隱諱不說，即使我是對的。這就是教者、學者彼此規勸而長進。各位同學責求向善，應當從要求我為善開始。

〈教條示龍場諸生〉

諸生相從於此，甚盛。恐無能為助也，以四事相規，聊從答諸生之意。一曰立志，二曰勤學，三曰改過，四曰責善。其慎聽，毋忽！

## 立志

志不立，天下無可成之事。雖百工技藝，未有不本於志者。今學者曠廢隳墮，玩歲愒時，而百無所成，皆由於志之未立耳。故立志而聖，則聖矣；立志而賢，則賢矣。志不立，如無舵之舟，無銜之馬，漂蕩奔逸，終亦何所底乎？昔人有言，使為善而父母怒之，兄弟怨之，宗族鄉黨賤惡之，如此而不為善可也；為善則父母愛之，兄弟悅之，宗族鄉黨敬信之，何苦而不為善為君子？使為惡而父母愛之，兄弟悅之，宗族鄉黨敬信之，如此而為惡可也；為惡則父母怒之，兄弟怨之，宗族鄉黨賤惡之，何苦而必為惡為小人？諸生念此，亦可以知所立志矣。

## 勤學

已立志為君子，自當從事於學。凡學之不勤，必其志之尚未篤也。從吾遊者，不以聰慧警捷為高，而以勤確謙抑為上。諸生試觀儕輩之中，苟有虛而為盈，無而為有，諱己之不能，忌人之有善，自矜自是，大言欺人者，使其人資稟雖甚超邁，儕輩之中有弗疾惡之者乎？有弗鄙賤之者乎？彼固將以欺人，人果遂為所欺，有弗竊笑之者乎？苟有謙默自持，無能自處，篤志力行，勤學好問，稱人之善，而咎己之失，從人之長，而明己之短，忠信樂易，表裡一致者，使其人資稟雖甚魯鈍，儕輩之中，有弗稱慕之者乎？彼固以無能自處，而不求上人，人果遂以彼為無能，有弗敬尚之者乎？諸生觀此，亦可以知所從事於學矣。

## 改過

夫過者，自大賢所不免，然不害其卒為大賢者，為其能改也。故不貴於無過，而貴於能改過。諸生自思平日亦有缺于廉恥忠信之行者乎？亦有薄于孝友之道，陷於狡詐偷刻之習者乎？諸生殆不至於此。不幸或有之，皆其不知而誤蹈，素無師友之講習規飭也。諸生試內省，萬一有近於是者，固亦不可以不痛自悔咎，然亦不當以此自歉，遂餒於改過從善之心。但能一旦脫然洗滌舊染，雖昔為寇盜，今日不害為君子矣。若曰吾昔已如此，今雖改過而從善，將人不信我，且無贖於前過，反懷羞澀疑沮，而甘心於污濁終焉，則吾亦絕望爾矣。

## 責善

責善，朋友之道，然須忠告而善道之。悉其忠愛，致于婉曲，使彼聞之而可從，繹之而可改，有所感而無所怒，乃為善耳。若先暴白其過惡，痛毀極詆，使無所容，彼將發其愧恥憤恨之心，雖欲降以相從，而勢有所不能，是激之而使為惡矣。故凡訐人之短，攻發人之陰私以沽直者，皆不可以言責善。雖然，我以是而施於人不可也。人以是而加諸我，凡攻我之失者，皆我師也，安可以不樂受而心感之乎？某於道未有所得，其學鹵莽耳。謬為諸生相從於此，每終夜以思，惡且未免，況於過乎？人謂事師無犯無隱，而遂謂師無可諫，非也。諫師之道，直不至於犯，而婉不至於隱耳。使吾而是也，因得以明其是；吾而非也，因得以去其非：蓋教學相長也。諸生責善，當自吾始。

# 02——你要做的只是清除心中的雜草

這篇〈教條示龍場諸生〉很簡單，卻又不簡單，其實是王陽明根據自己的心學，總結出了做人的基本方法。第一是立志，第二是勤學，第三是改過，第四是責善。四種方法體現的是王陽明所說：「人須有為己之心，方能克己；能克己，方能成己；能成己，才能成人。」

即使在今天，我們在茫然的時候，反覆研讀這篇教規，仍然會有巨大收穫，它能夠幫助我們找到種子，找到我們應該做什麼人的那顆心。這顆心，會讓我們在世上做什麼都變得容易。

這顆心在哪裡呢？王陽明龍場悟道，悟出了「聖人之道，吾性自足」。「聖人之道」就在我們自己心裡，我們只要回到自己心裡，就可以了。但事實上，並不這麼簡單。為什麼？答案就在這篇教規裡。

一開篇就講立志，這是種子法則。立志也可以說是回到內心，找到那個與萬物一體的心，這是心靈法則。但王陽明講了立志之後，並沒有講心，而是講了善、惡的分別，然後講了勤學、改過、責善。

這裡，王陽明把「心」具體化了。那個與萬物一體的心，那個能夠給予我們不斷能量的心，一直在那裡，但為什麼我們找不到呢？

這篇教規裡，王陽明的回答是：因為「惡」。因為我們的心裝滿了「惡」，所以，我們看不到那顆真正的心。

因此，王陽明在教育中，第一，要求學生立志，立志的同時分清善惡，做一個君子，做一個善良的人；第二，透過勤學、改過、責善等手段，去除心中的惡，培植心中的善，最後達到澄明的境界，心就成為我們自己的心，成為與宇宙一體的心。

這篇教規引出了王陽明心學關於做人的第三條法則：純粹法則。

所謂心學，就是修心，讓心變得越來越純粹。做人，就是讓自己的心變得越來越純粹。做人的過程，是一個不斷做減法，不斷讓生命變得純粹的過程。

有人問王陽明：「人都有這顆心，心即理。為什麼有人會行善，有人會作惡呢？」王陽明回答：「因為惡人的心，失去了心的本性。」

這就是說，我們每個人都有一個清淨的本心存在，「惡」是因為失去了這個本心，所以做人的根本，就是要把這個本心找回來。

王陽明有時候把這個本心叫作「道心」，即沒有人為因素污染過的心，而被人為因素污染過的心，叫「人心」。

純粹法則的核心就是要去掉人心裡的「私欲」，讓它變得純潔。

用王陽明的話說：「吾輩用功，只求日減，不求日增。減得一分人欲，便是復得一分天理，何等輕快脫灑，何等簡易！」但，什麼是人欲呢？

第一種是偏於「惡」的私欲。違背了人性的基本原則，傷害別人，違反倫理，也包括平常講的各種人格上的缺點，比如殺人、偷盜、說謊、虛偽、愛說閒話、嫉妒，等等。這些都是「惡」。

王陽明的學生孟源有自以為是、貪求虛名的毛病，王陽明常常批評他。

一天，王陽明剛剛責備過他，來了一位友人，談了自己近來的功夫，請先生指正。孟源在一旁插嘴說：「這才找到我過去的家當。」王陽明說：「你的老毛病又犯了。」

孟源滿臉通紅，想為自己辯解。王陽明接著開導他：「這是你人生中最大的問題。打個比方吧。在一塊一丈見方的地裡種一棵大樹，雨露滋潤，土壤肥沃，都只是在滋養樹根。如果想要在樹的周圍種栽一些優良的穀物，上有樹葉遮住陽光，下被樹根盤結，缺乏營養，穀物怎能生長成熟？只有砍掉這棵樹，一點根須也不留，才能種植優良穀物。否則，任憑你如何耕耘栽培，也只是在滋養那棵大樹的根。」

第二種是「過度」的欲望。即使這種欲望是善的，但一旦過度，也會成為「人欲」（私欲）。

王陽明的學生陸澄暫住鴻臚寺時，突然收到家信一封，說兒子病危，他心裡萬分憂慮，難以忍受。先生說：「現在正是用功的時刻，如果錯過這個機會，平時講學有什麼用呢？人就是要在這時候磨練自己。父親愛兒子，感情至深，但天理也有個中和處，過分了就是私心。人們在這個時候往往認為按天理就應該煩惱，就去一味憂苦而不能自拔，於是陷入了『有所憂患，不得其正』的境地。一般人七情六欲的表露，過分的多，不夠的少，稍有過分，就不再是心的本體，必須要調整適中才可以。比如，父母雙親去世，做兒女的恨不得一下子哭死心裡才痛快呢。然而，《孝經》中說：『不能過分悲哀而失去本性。』這並非是聖人要求世人抑制情感，而是天理本身自有它的分寸界限，不可超越太過。人只要明瞭了心體，欲望自然就不會增減一分一毫了。」

過分了就是私欲。對於「過度」的私欲，要有所中和。朱熹說過一句名言：夫妻是天理，三妻四妾是人欲；飲食是天理，美食是人欲。萬事都需要一個合適的度。

《傳習錄》裡王陽明對於中和有不少的解讀。

王陽明說：「諸如憤怒、恐懼、好樂、憂患等情緒，人心中怎會沒有呢？只是不應該有罷了。一個人在憤怒時，比較容易感情用事，多了一分意思，就會過於憤怒，就失去了『廓然大公』的本體了。因此，有所憤怒，心就不能保持中正。現在，我們對於憤怒等情緒，只要順其自然，不要刻意去抑制或放任，心的本體就會『廓然大公』，從而實現本體的中正了。例如，出門看見有人打架，對錯誤的一方，我心中很憤怒，但雖然憤怒，我心中廓然，並不動氣。對別人有怒氣時，也應該這樣，這才是中正。」

王陽明又說：「古人治理天下，首先把人培養得心平氣和，而後才作樂。例如在這裡吟詩，你心平氣和的，聽的人自然會感到愉悅滿意，這就是元聲的起始處。《尚書．堯典》中說『詩言志』，志就是樂的根本；『歌永言』，歌就是作樂的根本；『聲依永，律和聲』，音律只要與聲音和諧一致，聲音和諧就是制定音律之根本。所以，怎能到心外去尋找呢？」

第三種是只為自己，無益於別人的欲望。比如「養生」，在王陽明看來，就是「私欲」。

一個學生問他如何養生，他這樣回答：「一定要這顆心純乎天理，沒有絲毫的私欲，這才是做聖人的功夫。你所說的私欲滅於東而生於西、引犬入室再驅趕的現象，是被自私自利、刻意追求造成的，而不是克治蕩除本身的問題。現在你說養生最關鍵的是清心寡欲，這『養生』二字，就是自私自利、刻意追求的根源。有這個根源隱藏在心中，就會產生你所說這種情況，就是東邊的除掉了而西邊的又生發出來。」

另外，佛家的「解脫」「涅槃」，道家的「成仙」，王陽明都認為是私欲，應該擯棄。他的理由是：「我們儒家修養心性，不會離開世間的事物，只是順應天理、法則自然，這就是功夫。佛家卻要遠離世間的事物，將心看成幻相，逐漸陷入虛妄寂靜，似乎與世間毫無關係，所以，不能用來治理天下。」

與世間無關，不能有益於他人的欲望，都是私欲。當然，站在學術的立場，可以說王陽明的這個看法是帶著儒家的偏見。

王陽明晚年講過一句話：「夫道家之長生，釋家之解脫，吾儒家皆可得也。」很顯然，他受到過道家和佛家的深刻影響，但龍場悟道之後，完全皈依儒家，然後用了儒家的視角來看道家和佛家，覺得儒家高於這兩者。這其實多少有點偏頗。佛家的自利利他，其實也是完全的無私，只是不能用來治理天下而已。

第四種私欲，是「生死之念」，就是看不破死亡這件事，害怕死。這個念頭是最不容易去掉的「私欲」。

王陽明說：「學問的功夫，在一切聲色名利嗜好上，都能擺脫殆盡，但仍有一種生死的念頭牽掛在心裡，就不能和整個本體融合一體。人的生死之念，原本是從生身命根上帶來的，不容易去除。如果在這一點上識得破、看得透，那麼，這個心的全體就會暢通無阻，才是盡性至命的學問。」

第五種私欲，是其他任何滯留在心間的念頭。

王陽明對修習的人說：「任何念頭都不要滯留在心體上，這就好比一點點灰塵都不能吹進眼睛裡。一點點能有多少呢？然而，再少的灰塵，都能使人滿眼天昏地暗了。」他又說：「這個念頭不僅是指私念，就算是美好的念頭也不能有一點。就好像金子本身是很好的東西，但放一些金屑在眼睛裡，就會讓眼睛睜不開。」

## 03——讓心成爲一面明鏡

這五種私欲，也叫「不正之念」。王陽明說：「格物，就像孟子說的『大人格君心』的『格』，說的是去除人心中的不正之念，從而保全本體的純正。而意念的目的，也是要去除其中的不正之念，來保全它的純正，也就是隨時隨地都在保全天理，也就是窮理（窮盡天理）。『天理』即『明德』（光明正大的德性），『窮理』即『明明德』（弘揚光明正大的德性）。」

對於私欲，最好的辦法是在萌芽狀態就遏制它。王陽明告訴學生：「要想這顆心純是天理，沒有絲毫的私欲，就要在私欲沒有萌生之前加以防範，在私欲萌生時加以扼制。在私欲萌生之前就加以防范，在私欲萌生時加以扼制，正是《中庸》中『戒慎恐懼』、《大學》中『致知格物』的功夫。除此而外，再無其他的功夫。」

在和另一個學生談話時，王陽明又詳細解釋了克服私欲的方法：

「教別人求學，不可偏執一端。開始學習的時候，往往心猿意馬、心神不定，所想的大多是私欲方面的事。因此，應該教他靜坐，藉以安定思緒。等到一定時間，心意就會漸漸安定下來。這時候假如還一味懸空守靜，像槁木死灰一般，就沒有什麼用了。這時應該教他做省察克治的功夫。省察克治，就沒間斷的時候了，好比驅除盜賊，要有一個徹底驅除的決心。無事時，將好色、貪財、慕名等私欲統統搜尋出來，一定要將病根拔去，讓它永遠不復發，才算痛快。又好比貓逮鼠，眼睛盯著，耳朵聽著，稍有雜念萌動，就堅決除掉，不給它喘息的機會。既不讓它躲藏，也不讓它逃脫，這才是真功夫。如此才能掃盡心中的私欲，達到徹底乾淨俐落的地步，自然能做到端坐拱手了。所謂『何思何慮』，並不是初學時的事，但初學的時候必須思考省察克治的功夫，也就是思誠，只思考一個天理。等到天理完全純正了，也就是『何思何慮』了。」

「格」掉了這五種私欲，善就會出現，善出現的時候，天理就會出現。「沒有了惡念，就是善念，也就是恢復了心的本體。好像陽光被烏雲遮擋，當烏雲散出後，陽光又會重現。惡念已經消失了，還要另外去生發一個善念，豈不是在陽光下又添一盞明燈？」

「善念存在時，就是天理。如果此刻的念頭是善的，還用去想別的什麼善嗎？如果此刻的念頭不是惡的，還需要去擯除什麼惡嗎？念頭好比樹的根芽。立志的人，就是永遠確立這個善念罷了。孔子說『隨便想什麼做什麼都不會逾越規矩』（從心所欲不逾矩），這是志向達到了成熟時候的境界。」

天理出現了，良知也就出現了，王陽明後來只用「良知」這個詞，涵蓋了他心學的內涵。

有一次他對學生說：「良知是心的本體，心自然具備良知。看見父母自然知道孝順，看見兄長自然知道恭敬，看見小孩落井自然有同情之心。這就是良知，不必向外求取。如果良知顯露，又沒有被私欲迷惑，就是《孟子．盡心上》所謂『充分地生發惻隱之心，而仁慈之心就沒有用盡的時候了』。但是，對於平常人而言，不可能完全摒棄私欲的障礙，因此，必須用『致知格物』的功夫，摒除私欲，恢復天理，讓本心的良知不再有私欲的障礙，能夠發揮無礙，充分地流動開來，這就是『致良知』（達到良知）。達到了良知自然就能意誠了。」

當私欲消失，心就會成為一面鏡子。

王陽明說：「聖人的心猶如明鏡，只是一個『明』字，隨時感應，遇物而照。過去所照之物在鏡中已不復存在，未照到的形象不可能預先出現在鏡中。後世所講的，卻是如此，因而完全違背了聖人之學。周公制定禮儀制度，讓天下變得文明，都是聖人所能做到的，為什麼堯、舜不全部做了，而非要等到周公來做呢？孔子修訂六經，以教育萬世，也是聖人所能做到的，為什麼周公不先全部做了，而非要等到孔子來做呢？由此可見，聖人遇到什麼樣的時機，才會做什麼樣的事情。只怕鏡子不夠明亮，不怕物來了不能照。研究事物的變化，如同照鏡子。但是，學習的人必須有一個『明』的功夫。對於學習的人來說，只擔心自己的心還沒有明白透徹，不害怕事物變化的無窮無盡。」

關於鏡子，王陽明的學生徐愛有一個心得：心就像鏡子，聖人的心好像明鏡，而我們一般常人的心好像昏鏡。徐愛又比較朱熹和王陽明，認為朱熹的格物理論教人用鏡子映照外界的事物，是在「照」上下功夫，而王陽明的心學讓人在「鏡子」上下功夫，首先要讓「鏡子」，也就是自己的心明亮。

關於鏡子，禪宗裡有兩首偈。一首是神秀的：「身是菩提樹，心如明鏡台。時時勤拂拭，莫使惹塵埃。」一首是六祖惠能的：「菩提本無樹，明鏡亦非台。本來無一物，何處惹塵埃。」

神秀的意思是，心應該像鏡子那樣，用來觀照，照見真相，但就像鏡子會惹上灰塵，心也會受到各種污染，所以，修行就要經常去打掃，讓心變得清淨。清淨了，就可以照見萬物。污染了，就裝滿了雜物，什麼也看不清，只能盲目地活著。但惠能認為，如果心像鏡子，那麼鏡子依附在鏡臺之類的外物上，就會惹灰塵，就需要打掃，但鏡子本身什麼都不依附的時候，它的本體就是澄澈的，可以照見一切的。

惠能的意思是，假如心像鏡子，那麼我們應該從意識上根除灰塵的概念，一下子回到鏡子的本體。

王陽明在講學中，有時候接近神秀，也強調要拂拭鏡子上的灰塵。有時候又接近惠能，認為應該直接回到本體。

## 04——草有所妨礙，就應當拔除

薛侃在院子裡除草的時候，順便問：「天地之間，為什麼善難以培養，惡難以剷除？」王陽明說：「既沒有培養過，也沒有剷除過。」過了不久，王陽明又說：「從培養和剷除的角度看待善惡，只是從外在形式上著眼，就會不正確。」

薛侃不太明白。王陽明進一步解釋：「天地萬物，自然而然，就像花草一般，哪有什麼善惡之別？你想賞花，就以花為善，以草為惡；而想要利用草，又以草為善了。這些善惡都是由人心的好惡而產生的，所以從外在形式上著眼善惡是不恰當的。」

薛侃問：「那不是無善無惡了？」王陽明說：「無善無惡是天理本來寂靜，有善有惡是因情緒順時變幻。不為情緒的變化所動，就是無善無惡，可以稱為至善了。」

薛侃問：「佛家也主張無善無惡，和您說的有什麼區別呢？」王陽明說：「佛家著眼於無善無惡，就一切都不管，不能夠治理天下。聖人的無善無惡，只是不要從私欲出發而刻意生發善惡，不為情緒所動，卻遵循先王之道，達到了極致，就自然能依循天理，就能『裁成天地之道，輔相天地之宜』了。」

薛侃說：「草既然不是惡的，那麼，它也就不應該被拔除了。」

王陽明說：「你這樣說，又是佛、老的主張了。如果草對你有所妨礙，為什麼不拔除呢？」

薛侃說：「這樣就又在有意為善、有意為惡了。」

王陽明說：「不刻意喜歡或厭惡，並不是說完全沒有了好惡，如果完全沒有了好惡，就是一個沒有知覺的人了。所謂不刻意去做，只是說好惡都要依循天理，不要再去增添什麼意思。這樣的話，就好像沒有什麼好惡了。」

薛侃問：「除草的時候，怎麼樣全憑天理而沒有別的意思呢？」

王陽明說：「草有所妨礙，應該拔除，就要拔除。有時雖沒有拔除乾淨，也不要放在心上。如果在意的話，就會成為心體上的負累，就會為情緒所動盪。」

薛侃說：「如此說來，善惡全然和物沒有關係了。」

王陽明說：「善惡自在你心中，遵循天理即為善，為情緒所動即為惡。」

薛侃說：「物的本身是沒有善惡的。」

王陽明說：「心的運作生發善惡，物本身並沒有善惡。世上的儒者很多不懂這一點，於是就終日向外追求，舍心逐物，把格物之學認錯了。成天向外尋求，結果只是成就了一個『義襲而取』（只是偶然合乎天理而有所獲），一輩子的行為還是沒有著落，對於自己的習氣還是沒有察覺。」

薛侃問：「『喜歡美好的色相，厭惡難聞的氣味』，這句話又該如何理解呢？」

王陽明說：「這正是自始至終遵循了天理，天理本當如此，天理本無私意喜歡什麼、厭惡什麼。」

薛侃說：「喜歡美好的色相，厭惡難聞的氣味，難道不是有個意思在起作用嗎？」

王陽明說：「這是誠意，而非私意。誠意只是遵循天理。雖然遵循天理，也不能再添加一分私意。因此，有一絲忿恨與歡樂，心就不能中正。大公無私，才是心的本體。明白這些，就能明白『未發之中』（情緒念頭沒有生發時候的中正狀態）。」

孟源說：「先生講『草有所妨礙，就應當拔除』，為什麼又是從外在形式上起念呢？」

王陽明說：「這需要你自己用心去好好體會。你要除草，是安的什麼樣的心？周茂叔不除窗前之草，他安的又是什麼樣的心？」

# 05——天泉證道

關於心，關於去除私欲，晚年的王陽明用了四句話做了一個概括，被稱為「四句教」。一五二七年的九月初八，也就是王陽明前去廣西平定思恩和田州叛亂的前一晚，兩個學生向王陽明請教關於良知的問題，王陽明把他的心學做了一個歸納。這個事情，在思想史上成為一件大事，被稱為「天泉證道」。

「今後和朋友講學，千萬不可拋棄我的宗旨：無善無惡是心之體，有善有惡是意之動，知善知惡是良知，為善去惡是格物。只要根據我的話因人施教，自然不會出問題。這原本是上下貫通的功夫。資質特高的人，世上很難遇到。對本體功夫一悟全透，就是顏回、程顥這樣的人也不敢妄自尊大，豈敢隨便指望他人？人有受到污染的心，若不教導他在良知上切實用為善除惡的功夫，只去懸空思索一個本體，所有事都不切實加以處理，這只不過是修養成了一個虛空靜寂的壞毛病。這個毛病不是小事情，所以，我不能不提前向你們講清楚。」

無善無惡是心之體，有善有惡是意之動，知善知惡是良知，為善去惡是格物。這是王陽明自己歸納的心學宗旨，也叫四句教。

心的本體是無善無惡的。所以，惠能會說：「本來無一物，何處惹塵埃。」但意識的發動會帶來善惡，所以，神秀會說：「時時勤拂拭，莫使惹塵埃。」悟性高的人一下子就到了「無善無惡」的境界，一下子就在光明之中，當然就不需要再去擦亮什麼。而悟性低的人，還在善惡交織的狀態，當然需要去把鏡子擦亮。

為什麼王陽明有時候會接近神秀，有時候接近惠能？他自己有一個解釋：「如今，我將要遠征，正想給你們來說破這一點。兩位的見解，恰好可以互為補充，不可偏執一方。我開導人的技巧，原本有兩種。資質特高的人，讓他直接從本源上體悟。人心原本是晶瑩無滯的，原本是一個未發之中。資質特高的人，只要稍悟本體，也就是功夫了。他人和自我、內和外一切都透徹了。另外一種人，資質較差，心不免受到沾染，本體遭蒙蔽，因此就教導他從意念上實實在在為善除惡，待功夫純熟後，污穢徹底蕩滌，本體也就明淨了。汝中的見解，是我用來開導資質特高的人；德洪的見解，是我用來教導資質較差的人使用的方法。兩位若互為補充借用，那麼，資質居中的人都可被導入坦途。若兩位各執一詞，在你們面前就會有人不能步入正軌，就不能窮盡道體。」

關於神秀和惠能的偈，有兩個故事可以參照。

第一個故事來自印度。有一個國王想讓一個人當宰相，但不知道他能否勝任，於是就設法考核他。怎麼考核呢？讓士兵把他抓起來，在他的頭頂上放了一罐滾燙的油，對他說：「你只要能夠頂著這罐油走完整個鬧市區，就可以活命，如果濺出一滴油或倒了下來，就立即處死。」這個人頭上頂著油，覺得這是一件不可能完成的事，但轉念一想，反正都是一死，不如放下恐懼，專心於油罐，一路走去。

士兵通知了那個人的家屬。家屬們趕來看著這個人，哭哭啼啼的。但這個人完全專注於油罐，只管走自己的路。又來了一堆人，大聲議論路上有一個美女多麼漂亮，但這個人還是一心走自己的路。又有大象瘋狂亂闖，街上的人到處逃竄，那個人還是不為所動，一心集中在油罐上，走自己的路。終於，走到了終點，當了宰相。

第二個故事來自中國。講一個老賊的兒子，希望父親把偷竊的本事傳授給自己。老賊當天晚上就帶了兒子潛進一戶富豪的家。老賊很輕巧地開了窗戶，一下子就到了放貴重物品的房間，很快打開一個櫃子，讓兒子進去看看。兒子一進去，老賊就把櫃子鎖上了，並大喊一聲「有賊」，就一溜煙自己跑掉了。

那家人驚醒了，起來到處找賊。櫃子裡的兒子嚇得渾身發抖，心想這下死定了。又轉念一想，反正是死，與其坐以待斃，不如拚死一搏。於是，就假裝老鼠咬衣服的聲音，引來一個丫鬟打開了櫃子。櫃子剛打開，他就跳起來，一掌打翻丫鬟手上的油燈，迅速跳出窗外，往院子裡沖去。十幾個傭人追了上來。兒子心生一計，拿起一塊石頭扔進井裡。追的人以為他掉進了井裡，都圍到了井邊。

兒子很輕易地翻過院牆，溜回家裡。老賊正悠哉悠哉地喝酒，兒子不禁責問：「老爸，你為什麼要害我？」老賊一臉無辜，說：「兒子啊，我怎麼會害你呢？今晚我不是把最好的方法都教給你了嗎？而且你也已經學到了，從今以後，你可以獨立行動了。」兒子一聽，恍然大悟，連聲感謝父親。

第一個故事強調的是「定」，就像神秀的偈，一步一步地排除各種干擾，到了終點。但第二個故事強調的是「慧」，就像惠能的偈，一下子就抵達了本體，一無所依，法無定法，靠智慧達到了解脫。

神秀的偈，是基於灰塵的修行，灰塵已經在那裡了，當然要一點一點地擦掉它，就像第一個故事裡的人，一步一步排除干擾。

惠能的偈，是基於本體的修行，一開始就在本體，遇到什麼事都沒有問題。通行無礙，就像第二個故事裡的人，心裡沒有任何成見、教條，隨機應變，因而死裡逃生。

王陽明接近神秀的時候，會說要克己，要去掉私欲，但接近惠能的時候，會說：「善念存在時，就是天理。如果此刻的念頭是善的，還用去想別的什麼善嗎？如果此刻的念頭不是惡的，還需要去摒除什麼惡嗎？念頭好比樹的根芽。立志的人，就是永遠確立這個善念罷了。」

如果從立志那一刻起就堅守一個善念，那還有什麼私欲需要去清除呢？如果立志那一刻就在本體上，那麼，確實像王陽明經常說的，抓住了這一個關鍵點，做什麼都會有所成就。

## 06——一方面有善有惡，另一方面無善無惡

但生活在人世間，善惡無法回避。我們進一步討論一下善惡。一方面有善有惡，另一方面無善無惡。我們到底應該如何看待善惡呢？

有善有惡，善惡的標準是什麼呢？有有標準的，也有沒有標準的。可以說必須根據自己內心的標準，也可以說是必須按照社會的標準。

先說有標準的。這個標準是什麼呢？

首先，我們每一個人生活在具體的社會環境裡。每一個社會環境裡都有各種各樣的法律制度，以及各種各樣的公共規則，還有一些道德規範。如果你想在這個環境裡生存下去，就必須遵守這些法律和公共規則、道德規範。

這些規則小到怎麼過馬路，大到怎麼處理經濟糾紛等，都有一套規則，規定了

什麼是善的，什麼是惡的，什麼是可以做的，什麼是不可以做的。如果你不遵守這些規則，就很難在這個環境裡生存下去。也就是說，作為一個人，最基本的，就是遵守社會層面的法律、公共規則和道德規則。這些規則也是善惡的基本標準。

其次，除了這些社會規則之外，如果你有信仰，那麼，每一種信仰對於善惡都有一套標準。比如佛教裡面有各種戒律，有非常明確的善惡的標準。

善，簡單地說有十種基本的善，相對地，就有十種基本的惡。從行為上遠離殺生、偷盜、邪淫；從語言上遠離妄語、兩舌（挑唆）、惡口（語言粗俗）、綺語（花言巧語）；從思想上遠離貪欲、瞋恚、愚癡。離此十種惡業，就是修行十種善業。

如果我們把各種宗教進行對比，可以發現它們在善惡標準上基本是相同的，而且都主張要行善，說明人類在善惡方面是有共識的，也是有一些基本的標準的。

再次，一般來說，法律規則、公共規則，每一個人都必須無條件地遵守，但是道德層面的事情，往往有一定的複雜性。比如交通規則，每一個人必須無條件地遵守，如果不遵守，就要受到處罰。再比如，一旦殺人，肯定要接受法律的處罰，只是要考量一些細節，故意殺人和過失殺人，為了保護自己殺人，還是純為傷害別人，量刑都不太一樣。

這些法律規則是社會的通則，我們必須按社會標準來運作。但關於個人道德方面的規則就比較複雜，很難用社會標準去衡量，只能每一個人根據自己的內心去衡量、去決定。比如，穿奇裝異服之類，或者像美國的嬉皮士那樣生活，這些是否合乎規則，都要靠自己判斷。

所以，如果要給出一個大概的界定，那麼，凡是涉及公共領域的事情，應該按照社會標準去判斷；凡是涉及私人道德的領域，應該按照內心的標準去判斷。更進一步，也許可以說，涉及公共利益的，應該按照社會的標準；只涉及當事人自己利益的，應該按照內心的標準。對於他人所選擇的生活方式，只要沒有傷害到別人，我們就不應當因為自己不喜歡而隨意貶低。

最後，無善無惡。這聽起來很虛無縹緲，其實並不虛無縹緲。前面我們講了，作為一個人，在人世間，第一應該遵守法律，按照社會標準規定的善惡去要求自己，不做惡事，只做善事；第二，假如有信仰的話應該按照信仰界定的善惡去要求自己，不做惡事，只做善事；第三，要認識到道德層面的法則有相對性；所以對別人要有寬容心，對自己，遇到個人道德層面的抉擇，要聽從自己的內心。這些，都是一個人在人世間的基本行為準則。人世間是有善惡分別的。

但是，如果能夠跳出人世間，站在宇宙的高度來看待人類，那麼，善惡又是可以超越的。或者說，解決惡最根本的辦法，是從意識層面斷除善惡的概念。這就是為什麼王陽明一方面讓你分辨善惡，不要做壞人，要做君子；另一方面，在終極層面又會告訴你要超越善惡，無善，無惡，無心，才能最終成就聖人的人格。這個理念和佛家、老莊幾乎一致。

老子有一個觀點，就是善惡是相對而成的，有善就會有惡，有惡就會有善，所以老子的看法是要從根源上斷除惡，那就要斷除善惡的分別心。這是佛教和老莊、王陽明心學裡面非常深刻的一個哲學。但我們大多數人很難跳出人世間的範圍去思考，所以，這個哲學理解起來不太容易。但一旦真正理解了，就會有大成就。

# 07——生命的成長不是量的累加，而是質的純化

不管是哪種修行，不管是拂拭灰塵，還是「本來無一物」，這些修行導向的終點，都是把純粹性看作是生命最重要的質地。

王陽明在和陸澄的談話中，將「純粹性」用米作了比喻。

陸澄問：「聖人能應變無窮，莫非事先做過準備？」

陸澄又問：「怎樣才能做到『惟精』『惟一』呢？」

王陽明說：「『惟一』是『惟精』的目的，『惟精』是『惟一』的功夫，並非在『惟精』之外又有一個『惟一』。『精』的部首為『米』，就以米來打比方吧。希望米純淨潔白，這便是『惟一』的意思。如果沒有舂簸篩揀這些『惟精』的功夫，米就不可能純淨潔白。舂簸篩揀這些『惟精』的功夫，其目的也不過是為了讓米純淨潔

白。博學、審問、慎思、明辨、篤行，都是為了獲得『惟一』而進行的『惟精』功夫。其他的，比如『博文』是『約禮』的功夫，『格物』『致知』是『誠意』的功夫，『道問學』是『尊德性』的功夫，『明善』是『誠身』的功夫，除此而外，並無另外的解釋。」

另一次和蔡希淵的談話中，王陽明將「純粹性」用金子作了比喻。

蔡希淵問：「透過學習可以成為聖賢，但是，伯夷、伊尹和孔子相比，在才力上終究有所不足，卻同樣被稱為聖人，為什麼呢？」

王陽明說：「聖人之所以為聖人，只因他們的心純為天理而不夾雜絲毫私欲，猶如精金之所以為精金，只因它的成色充足而沒有摻雜銅、鉛等。人到了純粹天理的境界才成為聖人，金子到了足夠的成色才成為精金。然而，聖人的才力，也有大小之分，有如金的分量有輕重。堯、舜如同萬鎰重的金，文王、孔子如同九千鎰重的金，禹、湯、武王如同七八千鎰重的金，伯夷、伊尹如同四五千鎰重的金。才力各不相同，但純為天理的心相同，都可稱為聖人。

「這就彷彿金的分量不同，而只要在成色上相同，都可稱為精金。把五千鎰放入萬鎰之中，成色是一致的；把伯夷、伊尹和堯、孔子放在一起，他們內心純是天理是一樣的。之所以為精金，在於成色充足，而不在分量的輕重。之所以為聖人，在於合乎天理，而不在才力大小。因此，平常之人只要肯學，使自己的心純為天理，同樣可成為聖人。比如一兩精金，和萬鎰之金對比，分量的確相差很遠，但就成色足而言，則是毫不遜色。

「『人人都可以成為堯、舜』，根據的正是這一點。我們普通人向聖人學習，不過是去掉私欲而存養天理罷了。好比煉金求成色充足，金的成色相差不大，鍛煉的功夫可節省許多，容易成為精金。成色越差，鍛煉越難。人的氣質有清純濁雜之分，有平常人之上、平常人之下之別。

「對於道來說，有的人生來就知道天下通行的大道，從容安然地實現天下的大道；有些人是靠後天的學習努力，不斷地提高自己，最終能悟出有利於自己的行為方式。資質低下的人，必須是別人用一分力，自己用百分力，別人用十分力，自己用千分力，最後所取得的成就是相同的。

「後世的人不理解聖人的根本在於合乎天理，而只努力在知識、才能上力求做聖人，以為聖人無所不知，無所不會，只需把聖人的許多知識才能一一學會就可以了。因此，他們不從天理上下功夫，白白耗費精力，從書本上鑽研，從名物上考究，從形式上模仿。這樣，知識越淵博而私欲越滋長，才能越高而天理越被遮蔽，正如同看見別人有萬鎰的精金，不去從成色上鍛煉自己的金子，卻妄想在分量上趕超別人的萬鎰，把錫、鉛、銅、鐵都夾雜進去，分量是增加了，但成色卻愈低下，煉到最後，甚至不再有金子了。」

不久，王陽明在和另一個學生的談話中，再一次解釋了金子這個比喻。

德章說：「先生曾經用精金來比喻聖人，用分量的輕重比喻聖人才力的大小，用鍛煉比喻學者的功夫，這個比喻很深刻。只是先生您說堯、舜是萬鎰，孔子是九千鎰，我還是覺得有疑惑。」

王陽明說：「你這又是從外在形式上起的念頭，所以就會替聖人爭分量輕重。如果不是從外在形式上著眼，那麼，堯、舜萬鎰不為多，孔子九千鎰不為少。堯、舜的萬鎰也就是孔子的，孔子的九千鎰也就是堯、舜的，彼此之間本來就沒有區別。之所以稱為聖，只看精一（質地），不看數量多少。只要心裡同樣純為天理，便同樣可稱之為聖。至於力量氣魄，又怎麼會完全相同呢？後世儒者只在分量上比較，所以陷入功利的泥潭中。

「如果擺脫比較分量的分別心，各人都在自己的力量精神上盡力而為，只在此心純粹天理上下功夫，就能人人自我滿足，個個圓滿成就，大的成就大的，小的成就小的，不必外求，一切都在自心具備完滿。這就是實實在在、明善誠身的事。後世儒者不理解聖學，不懂得從自心的良知良能上體認擴充，卻還要想去知道自己不知道的，想去把握自己不能把握的，一味好高騖遠。不知道自己還是桀、紂的心，卻動不動要做堯、舜的功業，怎麼行得通呢？終年勞碌奔波，直至老死，也不知到底成就了什麼，真是可悲啊！」

王陽明這番話說明，做人不是在數量和形式上下功夫，而是要在質地上下功夫。做人，不是比賽誰活得更長久，而是看誰活得更有意義，更有趣味。

我們很容易在生命之上不斷累加多餘的東西，但生命的成長不是一個量的簡單累加，而是質的不斷純化。就像王陽明說的，一切行為只是純為天理；就是法國作家薇依說的，唯一的力量就是純潔、不摻雜質。

而米開朗基羅有一個更形象的說法：「給我一塊石頭，把多餘的部分去掉，就成了美麗和諧的雕塑了。」

# 08——如何面對別人的流言、中傷？

一五〇九年年底，劉瑾失勢，不僅失勢，而且第二年還丟了性命。王陽明被任命為廬陵知縣，離開了龍場。在廬陵七個月左右，又遇上去京城朝覲。

一五一〇年十月，他離開廬陵，十月下旬到達京城，當月就被任命為南京刑部四川清吏司主事，十一月去南京上任。十二月，又調任為吏部驗封清吏司主事。

一五一一年二月，又改任會試同考官。到了十月，又升為文選清吏司員外郎。一五一二年三月，升任考功清吏司郎中。到十二月，又升任南京太僕寺少卿。一五一三年十月，去滁州主持馬匹方面的事務。一五一四年四月，升為南京鴻臚寺卿。

一五〇九年年底到一五一六年九月，王陽明除了做過短暫的廬陵知縣，其他時間都在北京或南京擔任文官或閒職。王陽明把精力用在了講學上，閒暇時也和朋友、學生討論學問。這一段時間，他的心態好像越來越平靜。好像是在做減法，把多餘的去掉。

一五一五年，他甚至上書皇帝，要求退休，想回到老家過讀書講學的瀟灑日子。就在這一年，皇帝迷戀藏傳佛教，引發朝廷大臣的非議，王陽明寫了一篇〈諫迎佛疏〉，勸解皇帝不要沉迷於佛教，而要回到聖人之道。但寫好以後，並沒有上呈。

這一段時間，他的心學影響越來越大，贊成的、追隨的人很多，但反對的、抨擊的人也不少。

從王陽明給聶文蔚的信中，可以看到王陽明學說所處的環境：

「後世良知的學問不再昌明，天下的人各用自己的私心巧智彼此傾軋。因此人人各有自己的打算，於是，那些偏僻淺陋的見解、陰險詭詐的手段不計其數。一部分人以仁義為招牌，在暗處幹著自私自利的事；他們用狡辯來迎合世俗，用虛偽來沽名釣譽，掠他人之美來作為自己的長處，攻擊別人的隱私來顯示自己的正派。因為怨恨而壓倒別人，還要說成是追求正義；陰謀陷害，還要說成是嫉惡如仇；妒忌賢能，還自認為是主持公道；恣縱情欲，還自認為是愛恨分明。人與人之間彼此蹂躪，互相迫害，即使是骨肉至親，互相也不能摒除爭強好勝的心思，彼此間隔膜深重。更何況對於廣大的天下，眾多的百姓，紛繁的事物，又怎麼能把它們看作是與我一體呢？如此，天下動蕩不安，戰亂頻頻而沒有止境，因而也就見慣而不怪了。

「靠上天的眷顧，我在偶然間發現了良知學說，認為只有致良知才能天下大治。所以，每當想到百姓的困苦，我就十分沉痛，於是，不顧自己才智淺薄，而想用良知來拯救天下的苦難，真是不自量力啊。天下人看到我這樣，都來譏諷、誹謗我，說我是喪心病狂的人。唉，這還有什麼可顧慮的呢？我正在切膚的疼痛之中，哪有空閒對別人的譏諷斤斤計較呢？」

這一段話，表明了三層含義。第一層含義是，整個社會很墮落，自私自利、陰險狡詐，是普遍的社會風氣。第二層含義是，我自己為了天下大治，不自量力，想用良知來改造天下，但天下人卻來譏諷我、誹謗我。第三層含義是，我沒有空閒在乎別人的譏諷。

《傳習錄》中，王陽明多次和學生討論：別人不理解自己怎麼辦？如何面對別人的流言、中傷？

王陽明還是用了最簡單的方法：聖人是否也遇到這樣的情況？遇到這樣的情況聖人是怎麼做的？

黃勉之問：「《論語》中有『叔孫武叔毀仲尼』的記載，為什麼孔子這樣的大聖人也免不了被人譭謗？」

王陽明這樣回答：「譭謗是從身外來的，即使是聖人也無法避免。人貴在自我修行。如果自己真的是一個聖賢，縱然世人都譭謗他，也不能對他有什麼損害。就像浮雲蔽日，怎麼能損害太陽的光輝呢？如果自己是個外貌恭敬莊重而內心空虛無德的人，縱然沒有人說他壞話，他隱藏的惡終有一天還是會暴露無遺。因此，孟子說：『有不虞之譽，有求全之毀。』毀譽來自外界，怎麼能躲避？只要保持不懈的自我修養，外來的毀譽算得了什麼呢？」

在另外的場合，王陽明也說過類似的話：「從前孔子在世的時候，有人說他阿諛奉承，有人譏諷他花言巧語，有人誹謗他不是聖賢，有人詆毀他不懂禮節，有人侮辱他是東家的孔丘，有人因妒忌而敗壞他的名聲，有人憎恨他甚至要他的命。晨門、荷蕢都是當時的賢明之士，也說他是『知其不可而為之者與？』『鄙哉！硜硜乎！莫己知也，斯己而已矣』（磬聲硜硜的，真是鄙陋呀！它好像在說：沒有人知道我呀！沒有人賞識自己，那就算了吧）。

「子路雖然對於聖學的理解已經到了升堂的階段，但還不能對孔子完全相信。孔子去見南子，他表現出了極大的不滿，而且認為孔子迂腐。可見，當時不相信孔子的人何止十分之二三而已。但是，孔子依然匆匆前行，仿佛在路上尋找失去的子女，成天四處奔波，坐不暖席，這樣做難道是為了別人能瞭解、相信自己嗎？這是因為他有天地萬物一體的仁愛之心，深感病痛緊迫，即使不想管也身不由己。

「因此孔子會感慨：『吾非斯人之徒與而誰與？』（人是不能與飛禽走獸合群共處的，如果不同世上的人群打交道還與誰打交道呢？如果天下太平，我就不會與你們一道來從事改革了）『欲潔其身而亂大倫』（只想潔身自好，卻亂了君臣間大的倫理關係），『果哉！末之難矣！』（堅持到最後是多麼困難啊）唉！若非真誠地與天地萬物為一體的人，又有誰能理解孔子的心情呢？至於那些遠離世俗而沒有煩惱的，那些樂天知命的人，自然可以什麼情況下都悠然自得，就像日月運行、四時更替那樣和諧而生機勃勃。」

# 09——不用問漁人，沿溪踏花去

在滁州任職時期，王陽明特別清閒，幾乎每天和學生遊玩山水，暢談心學，留下了一組〈山中示諸生五首〉，以詩的形式，表達了心學的哲學，更呈現了心學的境界：寧靜平和、澄澈清淨。

第一首：

**路絕春山久廢尋，野人扶病強登臨。同遊仙侶須乘興，共探花源莫厭深。鳴鳥遊絲俱自得，閒雲流水亦何心？從前卻恨牽文句，輾轉支離歎陸沉。**

這首詩寫的是遊山。大概的意思是，山上的源流隱藏得很深，刻意去尋找卻很難找到，當你和大自然融為一體的時候，卻自然而然地一下子找到了。一切都是「吾性自足」，一切都在整體裡，何必尋章摘句，弄得支離破碎？

這首詩很明顯在講朱、陸的異同。宋代理學家朱熹和陸九淵，對於如何成聖，看法不一樣。陸九淵認為只要抓住「忠恕之道」，就可以一通百通了，所以，首先一定要弄明白「忠恕之道」。如果不弄明白忠恕之道，那麼再怎麼下功夫，再怎麼苦讀，都沒有用。朱熹卻強調要博聞強識，要在廣泛的學習中，不斷積累知識，不斷領會其中的精神，最後才能成就忠恕之道。王陽明贊成陸九淵，不贊成朱熹，認為朱熹的方法是一種支離破碎的方法。

朱熹是王陽明心學一個擺脫不了的參照，因為王陽明心學的核心，建立在對朱熹學說的反思。而朱熹學說，在他的同時代，就有陸九淵反對，是心學的發端。王陽明和陸九淵一脈相承。所以，早在龍場的時候，就有人問王陽明關於朱、陸的異同。到了南京，王陽明更是和人詳細討論朱、陸的異同，寫過一封很長的信。這首詩算是關於朱、陸異同詩意化的小小總結。

關於涵養內心和知識見聞的先後關係，王陽明有這樣一個總結：「專注在涵養內心上用功，每天能發現自己的不足；專注在知識見聞上用功，每天都會覺得自己懂得越來越多。每天能看見自己有所不足的，就能懂得越來越多；每天覺得自己懂得越來越多的人，就會更清楚看見自己有所不足。」

第二首：

滁流亦沂水，童冠得幾人？莫負詠歸興，溪山正暮春。

這首詩化用了《論語》中孔子和學生談志向的典故。陸澄和王陽明的一段問答，可以解讀這首詩歌。陸澄問：「孔門弟子談論志向，子路、冉求想從政，公西赤想主管禮樂，多多少少還有點實際用處。而曾皙所說的，似乎只是玩耍之類的事，卻得到了孔子的贊許，這是什麼意思呢？」

王陽明回答：「子路、冉求、公西赤有點憑自己的心願臆想，有了這種臆想，就會有所偏向，能做到這未必就能做到那。曾皙的志向比較實際，正合《中庸》中所謂的『君子只求在現在位置上，做自己應該做的事，不願去做本分以外的事。處在夷狄的位置，就做夷狄的事。身處患難，就做患難時所應該做的事。君子無論在什麼地方，都能心安理得、怡然自在』。前三個人是『汝器也』的有用之才，而曾皙是『君子不器』的智慧通達之人。但是前三個人各有卓越才華，不是誇誇其談的人，所以孔子也讚揚了他們。」

讓我們繼續讀一讀王陽明的其餘三首詩。

第三首：

**桃源在何許？西峰最深處。不用問漁人，沿溪踏花去。**

這首詩翻用陶淵明的〈桃花源記〉。桃花源在哪兒呢？在西峰最深的地方。怎麼能夠到那裡呢？不要去問打魚的人，你自己沿著溪流，踏著花瓣，就可以找到了。不需要問別人，你自己按照自然法則一路走去，就可以了。

第四首：

**池上偶然到，紅花間白花。小亭閒可坐，不必問誰家。**

偶然到了池塘邊，紅花間著白花，在小亭子裡隨意坐一坐，此刻很好，何必去追究是誰家的呢？

第五首：

溪邊坐流水，水流心共閒。不知山月上，松影落衣斑。

坐在溪流邊，水很閒地流動，心也很閒地流動。不知道山裡的月亮，照耀松樹，落下的是誰的身影？

# 四 行動法則

知是行的主意，行是知的功夫。知是行之始，行是知之成。若會得時，只說一個知，已自有行在；只說一個行，已自有知在。

——《傳習錄・徐愛錄》

# 01——學習的目的是成爲人本身

知行合一，是王陽明龍場悟道後反覆強調的一個理念，至今仍然是王陽明心學的一個標籤。但知行合一，不完全是理論與現實結合的意思。要理解知行合一，必須要明白一個大的背景，就是起源於孔子、孟子的儒家學說，在最初的時候並不是純粹的理論，而是非常實際地要解決社會和人生的問題，是關於如何做人的指導。但到後來，「儒學」成了學問，成了科舉考試的內容，人們學習儒家學說，不再是為了完善自己的人格，不再是為了解決實際的社會問題，而只是為了謀生，為了透過考試謀得一官半職。

王陽明高舉「知行合一」的大旗，其實是想恢復儒家學說的初心。

做學問，不只是為了做學問、考科舉，而是為了做人，為了完善自己的人格，為了社會變得更美好。

王陽明的知行合一，觸及了人類歷史上的一個共同問題，就是所有哲學流派，包括儒家以及希臘哲學、佛教、基督教等所有的哲學和宗教，在最初都是為了完善人格，解決實際的人生和社會問題，但後來隨著教育、文化越來越體制化，這些哲學和宗教都逐漸成為學院裡、書本裡的「學問」，和實際的人生越來越沒有關係。

比如，今天我們大學裡研究孔子的教授，或者研究蘇格拉底的教授，日常生活裡可能完全和孔子或蘇格拉底的精神沒有任何關聯，他們只是把孔子和蘇格拉底的學說看作一種學術研究，不過是透過這種研究獲得職稱，維持生活。所以，這些年在歐洲和美國，出現了「街頭哲學運動」，旨在把哲學從學院的學術裡解放出來，恢復蘇格拉底時代哲學的本義：哲學和每一個人的日常生活息息相關。

梁啟超談到王陽明「知行合一」為什麼在今天還有意義時，特別提到了現代教育的弊端。他說現代學校往往是「智識販賣所」，「教師是掌櫃的，學生是主顧客人。頂好的學生，天天以『吃書』為職業。吃上幾年，肚子裡的書裝得像蠹脹一般，便算畢業。畢業以後，對於社會上實際情形，不知相去幾萬里，想要把所學見諸實用，恰與宋儒高談『井田封建』無異，永遠只管說不管做」。梁啟超認為，改變這種教育弊端的不二法門，就是要「依著王陽明『知行合一之教』做去」。

這是王陽明提倡知行合一真正的意義：把人類的哲學遺產從體制化裡解放出來，讓它們重新煥發新的活力，為我們的生活賦予綿綿不絕的源泉。這樣的努力，是讓人回到人類的初心：成為人本身。這也是至今王陽明的心學以及知行合一能夠打動人心的一個根本原因。

# 02——知是行的開始，行是知的結果

那麼，具體如何才能做到「知行合一」呢？

王陽明和徐愛的兩次談話，對於「知行合一」有過透徹的解釋。

徐愛由於沒有領會「知行合一」的教誨，與宗賢和惟賢再三辯論，也沒有得出什麼結論，於是就向王陽明請教。王陽明就說：「舉個例子來說說，到底不明白在哪裡。」

徐愛說：「現在的人都明知有父親就應該孝順，有兄長就應該尊敬，但往往不能孝順，不能尊敬，可見知與行實在是兩碼事。」

王陽明說：「這是被私欲隔斷了，不是知與行的本體了。沒有知而不行的，知而不行，就是還沒有真正明白。聖賢教導我們認知並且踐行，正是要恢復知與行的本體，不是很隨便地告訴你有認知就可以了。所以，《大學》用『就像喜歡美色和厭惡臭氣一樣』來啟示人們，什麼是真正的知與行。

「看見美色是知，喜歡美色是行，見到美色時就馬上喜歡它了，不是在見了美色之後才起心去喜歡。聞到惡臭是知，討厭惡臭是行，聞到惡臭時就開始討厭了，不是在聞到惡臭之後才起心去討厭。

「一個人如果鼻塞，即使惡臭在跟前，鼻子聞不到，也就不會討厭了，也是因為他不知道臭。我們講某人知道孝順父親、恭敬兄長，一定是這個人已經做到了孝順父親、恭敬兄長，才會說他知道孝悌。並不是只知道說些孝悌之類的話，就可以稱他為明白孝悌了。再如知道痛，一定是他自己真的疼痛了，才會知道痛；知道寒，一定是他自己真的寒冷了；知道饑，一定是他自己肚子真的饑餓了。

「知與行怎麼可能分開呢？這就是知與行的本體，沒有私欲在其中。聖賢教誨大家，只有這樣，才可以稱作知。不然，就算不上知了。

「這是多麼緊要實在的功夫啊！非要把知、行說成是兩件事，是什麼意思呢？

我要把知、行說成是一件事，又是什麼用意呢？倘若不懂得我提出『知行合一』的目的，一味糾纏是一件事還是兩件事，又有什麼用呢？」

另一次，徐愛說：「古人把知和行分開來講，大概是叫人有所區分，一方面做知的功夫，另一方面做行的功夫，這樣所做的功夫才能落實。」

王陽明認為這個理解就偏離古人的原意。他說：「我以前說過，知是行的意向，行是知的功夫，知是行的開始，行是知的結果。如果明白這個道理，那麼，講知的時候，行其實已經包含在其中了；講行的時候，知其實也包含在其中了。

「古人之所以把知和行分開來說，只因世上有一種人，只顧糊裡糊塗隨意去做事，根本不思考琢磨，完全肆意妄為，因此必須說一個知，他才能行得端正。還有一種人，海闊天空漫無邊際地思考，根本不願切實力行，只是無端空想，所以必得著重說一個行，他才能知得真切。

「這是古人不得已為了救弊補偏的說法。假如明白了古人真正的意思，那麼說一點就已經足夠了。現在的人非要把知和行分為兩件事去做，認為是先知然後行。

因此，就先去研究、討論如何做知的功夫，等到知得真切了，再去做行的功夫。

「這樣，很可能終生都不去踐行，也終生沒有真正的認知。這不是什麼小毛病，由來也很久了。我現在特別強調『知行合一』，正是要對症下藥，並非我憑空杜撰。

「知和行的本體原本就是這樣的。如果懂得了其中的要領，就算把知、行分開說成兩件事也無關緊要，本質上仍是一件事。如果不領會其中的要領，即使說知行合一，又有什麼用呢？只是閒扯而已。」

# 03——遺忘了對事理的探求，就是失去了本心

顧東橋寫信給王陽明討論知行合一。他認為不管怎麼樣，知和行還是有一個先後的順序問題：

「所謂知行並進，不應區分先後，這也就是《中庸》提到的『尊德性』（推崇德性）和『道問學』（以道貫穿問學）的功夫，是互相存養，互相促進，內外本末，一以貫之的。但是，功夫的順序，不能沒有先後之分。例如，知道了食物才會去吃，知道了湯水才會去飲，知道了衣服才會去穿，知道了道路才會去走；還沒見過這個物，就先有了這個事，這種情況好像不會發生。這也是毫釐之間的差別，並不是說，要等到今天知道了，明天才會去實行。」

王陽明如何解釋呢？王陽明在回信裡辨析說：

「既然講『互相存養，互相促進，內外本末，一以貫之』，那麼知行並進的主張也應毫無疑問。又說『功夫的順序，不能沒有先後之分』，這不是自相矛盾嗎？知道了食物才去吃諸如此類的例子，尤其明白易懂，只是你被現在流行的看法蒙蔽了，自己沒有察覺。

「人一定是先有想要吃的心念，之後才能知道食物。想吃的心念就是意，也就是行的開始。食物味道的好壞，必然放入口中才能知道，哪有未入口就能知道食物味道的好壞呢？必有想行走的心，然後才知道路，想行走的心就是意，也就是行的開始；路途的坎坷曲折，需要親身經歷才能知道，哪有還沒有親身經歷就先知道路途的坎坷曲折呢？知湯才飲，知衣才穿，依次類推，沒有什麼疑問。

「如果按照你的說法，那麼，就成了還沒有見這個物就先有這個事了。你又講，『這也有毫釐之間的差別，並不是說要等到今天知道了，明天才去實行』，這種說法也是省察不夠精確。但即使按照你的思路，也可以推論出知行合一，是斷然不可懷疑的。」

那麼，問題又來了，怎麼樣才能做到知行並進呢？王陽明是這樣回答的：

「知的切實實行之處，就是行；行的明晰精察之處，就是知。知、行的功夫，原本不可分離。只因後世學者把知、行分為兩部分下功夫，忘掉了知、行的本體，為了補救這個誤導，才有知行合一並進的主張。

「真知就是能夠去行，不行不足以稱為知。就像你來信所講，知食才吃等例子也可說明，這一點在前面已簡要談到了。這雖然是為了挽救時弊而提出來的，然而，知行的本體原本就是如此，並不是用自己的意念來加以抑揚，將就著提出觀點，以求一時的效用。

「專求本心，而遺忘了對事理的探求，這就是失去了本心。因為事理不在我心之外，在我心之外去尋求事理，也就是沒有事理了。遺忘了事理反求我心，我心又是什麼呢？」

## 04——行動的意義

知行合一，在王陽明的表述裡，就是「知」與「行」原本就是一件事。王陽明用知行合一這個概念，推崇的是強烈的行動性，也可以說是強烈的實用性。不管什麼學說，學習之後必須學以致用，否則，再好的學說也毫無意義。

這就是王陽明心學關於做人的第四個法則：行動法則。

王陽明心學，如果以學術的角度看，有很多地方不合學理，也有一些地方自相矛盾，但為什麼那麼多年來，一直影響著中國人的精神，甚至在日本明治維新時代，影響過日本人的精神？

原因也許在於，王陽明心學推崇知行合一，推崇行動性。雖然一些說法並不嚴謹，但是非常實用，而且打動人心，所以能夠一直鼓舞激勵人的精神。

另外一個重要原因在於，王陽明和其他理學家都不一樣。他不僅有學說，有講學，還有事功，有具體的政治業績。也就是說，王陽明本身做到了他所說的「知行合一」。所以，他的心學，以及他所提倡的「知行合一」，就具有了鮮活的生命色彩，雖然不嚴謹，但很真切，有活的氣息，才能成為中國人永不磨滅的精神源流。

一五一六年，王陽明四十五歲，當時主管兵部的大臣王瓊推薦王陽明為都察院左僉都御史，巡撫南（安）、贛（州）、汀（州）、漳（州）等地。這一任命改變了王陽明的一生。如果說此前王陽明擔任的職務要麼是小官，要麼是職位高但是沒有實權的閒職，那麼，這次的職位，是真正具有軍政實權的統管一方的地方大員。

但王陽明獲得的這個任命並非美差，而是臨危受命，是要去贛南一帶剿匪。明代的匪患不是一朝一夕形成的，是政治制度帶來的痼疾。南贛一帶的匪患，官兵幾次鎮壓，都沒有根治。官兵一走，匪患又捲土重來。王陽明不過一個書生，從未有過實際的軍事經驗，卻要去完成這樣一個幾乎不可能完成的任務，是一個重大考驗。那些對他的心學不以為然的人，也以看戲的姿態等著看王陽明會如何去完成這樣一個艱巨的任務。

這一次的剿匪，被認為是王陽明心學的實踐。事實上，也確實如此。一五一七年正月，王陽明到達贛州，首先發佈〈巡撫南贛欽奉敕諭通行各屬〉，要求各府各縣各級官吏詳細報告地形、武備、物資、賊情等，同時也徵求解決方案。在廣泛瞭解情況後，王陽明認為南贛剿匪有兩個關鍵難點：一是官兵裡，以及老百姓裡，不少和山賊有父兄子弟的錯綜關係，所以，山賊很快就能得到官兵的消息；二是以前官兵數量有限，依靠狼兵（廣西壯族的地方武裝）和土兵（湘西土家族地方武裝）平叛，引發更大的問題。這些地方武裝戰鬥力雖然比官兵還強，但紀律性很差，對百姓的騷擾甚至比山賊還要厲害。

因此，王陽明確定了兩個核心措施：

第一，建立民兵，擁有自己的精悍部隊，不再依靠以前的狼兵和土兵。〈選揀民兵〉這篇公文，記錄了選拔和操練的流程，顯示了王陽明在建立部隊上的才華。有學者認為，王陽明是中國「團練」的始祖，「民兵」的創始人。後來曾國藩建立湘軍，應該受到了王陽明的啟發。

第二，建立十家牌法，相當於保甲制度，也有一點點類似於鄉里長制度。透過十戶居民編為一組，建立一種連帶責任的管理體制，把每一戶的資訊詳細登記，每一戶每一天的活動詳細報告，一旦發現私通土匪，同一組的居民要負連帶責任。

在這兩個核心措施之外，王陽明還透過疏通鹽法，解決了兵餉問題。經過一番周密的籌備，進行了三次具體的布戰。

第一次布戰漳南。出於必須先打一次勝仗的考慮，王陽明選擇了最弱的漳南。據《明史》記載，正德十二年（一五一七年）正月，王陽明親自率領精銳在上杭屯兵，先散佈消息，說官兵要撤出漳南，然後，出其不意進攻，連破四十餘寨，斬殺、俘獲七千多土匪。

第二次布戰橫水、桶岡。初戰告捷後，他向朝廷上疏稱，權力太小，無法命令將士。當時王瓊上奏，給了王陽明旗牌，可以自己決策。一五一七年七月，進兵大庾，十月，攻克左溪、橫水，破匪巢八十四，斬殺、俘獲六千多土匪。

第三次布戰三浰。橫水、桶岡的土匪剿滅後，只剩下盤踞在三浰的土匪，也是最強的一支土匪。王陽明利用他們內部分裂，用誘降的方法在一五一八年正月初三全部殲滅了他們。

# 05——告諭浰頭巢賊

王陽明善於處理複雜的人際關係和矛盾，也特別善於說服別人，這在贛南剿匪中，表現得特別突出。他有一篇〈告諭浰頭巢賊〉，是寫給浰頭的土匪的，很有攻心戰的風格，被後人認為是道出了心學的要領。這裡將全文譯出：

本院巡撫此地，剷除盜賊，安撫百姓，是我的職責所在。剛剛上任，就聽說你們常年在鄉村之中流竄劫掠，殺害良民。每天都有被害的百姓前來告狀。本想立即帶兵剿滅你們，但隨後去征伐漳州賊寇，打算回軍之後，掃蕩你們的巢穴。等到平定漳州賊寇，計驗戰功，被斬殺、俘獲的賊寇共計七千六百餘人。經審查得知，當時帶頭作惡的賊寇也就四五十人，跟風追隨作惡的同夥也不過四千餘人，其餘的大多是被脅迫而入夥，這讓我不由得心中悲傷。

由此想到，在你們的巢穴當中，難道就沒有被迫之人嗎？況且，我還聽說你們中有不少大戶人家的子弟，其中也一定有能審時度勢、通曉義理的人。我到任至今，還未曾派人前去曉諭招撫，豈能突然就發兵剿滅你們？如此，就類似於不教而殺，日後我也定會心有遺憾。

所以，今天特意派人告諭你們：不要自以為兵力強大，還有比你們兵力更強大的；不要自以為巢穴險要，還有比你們巢穴更險要的；但這些更強大的、更險要的，都已被我殲滅得一乾二淨了。你們難道沒有聽說嗎？

人情之所共恥的，莫過於身負盜賊之名；人心之所共憤的，莫甚於身遭劫掠之苦。假如現在有人當面罵你們是賊，你們必定會勃然大怒，你們怎可心裡厭惡盜賊的惡名，卻幹著盜賊的惡行呢？假如有人燒毀你們的房屋，搶劫了你們的財產，霸佔了你們的妻女，你們一定會對他懷恨切骨，寧死也要報仇雪恨。你們如今將此等惡行施加於人，別人怎麼可能不痛恨你們呢？人同此心，難道你們不懂嗎？

你們甘心為賊，想必其中也有某些不得已的苦衷。或許被官府逼迫，或許為大戶侵害，一時衝動，錯起念頭，誤入歧途，後來又不敢輕易回頭。你們的這些苦處，的確讓人覺得可憐，但也是你們不能真切悔悟造成的。你們當初決定去做賊寇，明明是活人尋死路，尚且說去就去，而今如果能棄惡從善，那便是死人尋求活路。你們反而不敢，這是為什麼呢？

如果你們今天像當初去做賊寇一樣，拚命脫離賊巢，官府怎能非要殺你們？你們久習惡毒，忍於殺人，心多猜疑。哪裡明白有教養的人，無緣無故殺隻雞犬都會於心不忍，更何況是人命關天呢？如果輕易殺掉你們，冥冥之中，定有報應，災禍殃及子孫後代，我何苦一定要如此？

我每每為你們想到這些，就徹夜難眠，也無非是想給你們尋一條生路。如果你們冥頑不化，我就不得已要發兵，那就不是我殺你們，而是老天要誅殺你們了。如果說我完全沒有殺你們的心，那也是欺騙你們；如果說我非要殺你們，這又絕非是我的本心。你們今天雖然做了賊寇，但從前也都是朝廷的赤子！

就像一對父母有十個孩子，八人善良，二人悖逆，想要加害其他八人。作為父母，必須除掉兩個逆子，其他八人才能得以安生。都是自己的孩子，作為父母，為什麼偏要殺掉那兩個孩子？那是因為迫不得已啊！對於你們，我的心也是如此啊。

如果這兩個孩子能悔惡遷善，痛哭流涕，誠心歸順，做父母的也必然會心生悲憫，接納他們。為什麼？不忍心殺掉自己的孩子，實乃父母的本心啊。如今二人能夠順遂了父母本心，還有什麼比這令人高興的！對於你們，我的心也是如此啊。

聽說你們身為賊寇，收入也不多，有的人連衣食都難以保障。你們何不把辛苦做賊的那份精力，用來種田經商呢？那樣很快就可以發家致富，安心享受自在的生活，放心縱意地暢遊於城市之中，悠哉悠哉行於田野之上。哪裡會像今天，整日擔驚受怕，出門要躲避官府，防範仇家，回到賊巢又怕被官軍圍剿誅殺，只好潛藏身形，掩藏行跡，一生憂苦，最終落得家破人亡，妻兒戮辱。這樣的日子有什麼可留戀的嗎？你們自己好好想一想吧。

如果你們能聽從我的勸告，棄惡從善，我就把你們當作良民來看待，當作赤子來安撫，不再追究你們過往之罪。像葉芳、梅南春、王受、謝鉞這些人，如今我已經把他們當作良民一般來看待了，你們難道沒有聽說？如果你們惡習難改，那只好任由你們如此。到時候，我南調兩廣的狼兵，西調湖、湘的土兵，親率大軍去圍剿你們。一年剿滅不盡那就兩年，兩年不盡那就三年，你們財力有限，我官府兵糧無窮。縱使你們都是有翼之虎，諒你們也難以逃於天地之外！

唉！我哪裡是真的想殺你們啊！你們非要殘害我那些善良百姓，讓他們無衣禦寒，無食果腹，無房容身，無田耕種，讓他們父母死亡，妻離子散。我想讓他們躲避你們，可是家園已被你們侵佔，他們已經無處可躲；我想讓他們送錢財給你們，可是家資已被爾等掠奪，他們已經無錢財可送。如果你們站在我的位置想一想，也會認同必須要把你們全部剿滅。

我現在派人安撫曉諭你們，賜予你們一些牛、酒、銀兩和布匹，使得你們妻兒與你們團聚。其餘的人很多，無法全都顧及，各發一篇曉諭，你們好自為之吧。我言已無不盡，我心已無不盡，如果這樣你們仍不聽我勸告，就不是我有負於你們，而是你們有負於我，那我就再沒有什麼可遺憾的了。

唉！天下皆是我的同胞，你們都是朝廷赤子，我最終不能撫恤你們，竟至於誅殺你們，痛哉！痛哉！寫到這裡，不覺淚下。

告諭浰頭巢賊

正德十二年五月

本院巡撫是方，專以弭盜安民為職。蒞任之始，即聞爾等積年流劫鄉村，殺害良善，民之被害來告者，月無虛日。本欲即調大兵剿除爾等，隨往福建督征漳寇，意待回軍之日剿蕩巢穴。後因漳寇即平，紀驗斬獲功次七千六百有餘，審知當時倡惡之賊不過四五十人，黨惡之徒不過四千餘眾，其餘多系一時被脅，不覺慘然興哀。

因念爾等巢穴之內，亦豈無脅從之人。況聞爾等亦多大家子弟，其間固有識達事勢，頗知義理者。自吾至此，未嘗遣一人撫諭爾等，豈可遽爾興師剪滅？是亦近於不教而殺，異日吾終有憾於心。故今特遣人告諭爾等，勿自謂兵力之強，更有兵力強者，勿自謂巢穴之險，更有巢穴險者，今皆悉已誅滅無存，爾等豈不聞見？

夫人情之所共恥者，莫過於身被為盜賊之名；人心之所共憤者，莫甚於身遭劫掠之苦。今使有人罵爾等為盜，爾必怫然而怒。爾等豈可心惡其名而身蹈其實？又使有人焚爾室廬，劫爾財貨，掠爾妻女，爾必懷恨切骨，寧死必報。爾等以是加人，人其有不怨者乎？人同此心，爾寧獨不知？

乃必欲為此，其間想亦有不得已者，或是為官府所迫，或是為大戶所侵，一時錯起念頭，誤入其中，後遂不敢出。此等苦情，亦甚可憫。然亦皆由爾等悔悟不切。爾等當初去從賊時，乃是生人尋死路，尚且要去便去；今欲改行從善，乃是死人求生路，乃反不敢，何也？若爾等肯如當初去從賊時，拚死出來，求要改行從善，我官府豈有必要殺汝之理？爾等久習惡毒，忍於殺人，心多猜疑。豈知我上人之心，無故殺一雞犬尚且不忍；況於人命關天，若輕易殺之，冥冥之中，斷有還報，殃禍及於子孫，何苦而必欲為此？

我每為爾等思念及此，輒至於終夜不能安寢，亦無非欲為爾等尋一生路。惟是爾等冥頑不化，然後不得已而興兵，此則非我殺之，乃天殺之也。今謂我全無殺爾之心，亦是誑爾；若謂我必欲殺爾，又非吾之本心。爾等今雖從惡，其始同是朝廷赤子。譬如一父母同生十子，八人為善，二人背逆，要害八人；父母之心須除去二人，然後八人得以安生；均之為子，父母之心何故必欲偏殺二子，不得已也；吾於爾等，亦正如此。若此二子者一旦悔惡遷善，號泣投誠，為父母者亦必哀憫而收之。何者？不忍殺其子者，乃父母之本心也；今得遂其本心，何喜何幸如之；吾於爾等，亦正如此。

聞爾等辛苦為賊，所得苦亦不多，其間尚有衣食不充者。何不以爾為賊之勤苦精力，而用之于耕農，運之於商賈，可以坐致饒富而安享逸樂，放心縱意，遊觀城市之中，優遊田野之內。豈如今日，擔驚受怕，出則畏官避仇，入則防誅懼剿，潛形遁跡，憂苦終身；卒之身滅家破，妻子戮辱，亦有何好？爾等好自思量。

若能聽吾言改行從善，吾即視爾為良民，撫爾如赤子，更不追咎爾等既往之罪。如葉芳、梅南春、王受、謝鉞輩，吾今只與良民一概看待，爾等豈不聞知？爾等若習性已成，難更改動，亦由爾等任意為之；吾南調兩廣之狼達，西調湖、湘之土兵，親率大軍圍爾巢穴，一年不盡至於兩年，兩年不盡至於三年。爾之財力有限，吾之兵糧無窮，縱爾等皆為有翼之虎，諒亦不能逃於天地之外。

嗚呼！吾豈好殺爾等哉？爾等苦必欲害吾良民，使吾民寒無衣，饑無食，居無廬，耕無牛，父母死亡，妻子離散。吾欲使吾民避爾，則田業被爾等所侵奪，已無可避之地；欲使吾民賄爾，則家資為爾等所擄掠，已無可賄之財；就使爾等今為我謀，亦必須盡殺爾等而後可。

吾今特遣人撫諭爾等，賜爾等牛酒銀錢布匹，與爾妻子，其餘人多，不能通及，各與曉諭一道。爾等好自為謀，吾言已無不盡，吾心已無不盡。如此而爾等不聽，非我負爾，乃爾負我，我則可以無憾矣。

嗚呼！民吾同胞，爾等皆吾赤子，吾終不能撫恤爾等而至於殺爾，痛哉！痛哉！興言至此，不覺淚下。

## 06——處於什麼位置，就做這個位置該做的事

這篇告諭是一封慰問信。王陽明剿滅橫水、桶岡的土匪之後，決定徹底解決浰頭的土匪。浰頭位於今廣東河源市和平縣。這個和平縣，是王陽明勝利後，奏請朝廷設立的。在使用武力之前，王陽明總是尋求和平解決的方法，所以他就先派人帶了牛羊等前去慰問，並帶了這一封慰問信。

王陽明寫得苦口婆心，從不同的角度向山賊講道理，但都不是大道理，而是人之常情。處處站在他們的角度，為他們考慮，既像朋友、家人的規勸，但又有官府的威嚴，把嚴重的後果講得十分清楚。

就是俗語說的恩威並重，德治和法治並重。

按照王陽明後來的說法，每個人心裡都有良知。只要把每一個人心中的良知激發出來，他就會棄惡從善。所以，王陽明在剿匪過程裡，用現在的話說，非常喜歡

思考。一方面，用兵法攻城，另一方面，用良知攻心。

這一封慰問信發出後，有幾個土匪首領就帶著人前來投降了。

南贛剿匪的三次布戰，王陽明展現了和一般軍事將領不太一樣的風格，都以智取為主。但智取也帶來倫理上的困境，有人批評王陽明用兵「詭異」「狡詐」。如何看待王陽明的用兵手法？

在我看來，我們不應該完全用《傳習錄》中的言詞僵化地對照王陽明戰場上的行為。每一個人的信仰、道德原則，不一定能夠在現實生活裡一一對應，很多時候不得不隨順現實法則。舉個例子，再虔誠的佛教徒，面對殺人犯，也不會真的教條式地套用「慈悲原則」，要求別人寬容罪犯，而是必須尊重當下社會的法律原則，懲治罪犯。

有學者提到，王陽明以孔子為榜樣，但如果讓孔子去南贛剿匪，應該不會以「詐術」取勝。實際上，孔子說過，君子不會去猜測別人是否欺詐，但是，也不會被小人欺騙。也就是說，君子並不是迂腐地死守教條的書呆子。孔子也說過，君子處於什麼位置，就做這個位置該做的事。王陽明處在南贛剿匪總指揮的位置上，就應該做這個位置要求他做的事情。

## 07——破山中賊易，破心中賊難

「破山中賊易，破心中賊難。」

這是王陽明在橫水時，寫給楊仕德信中的一句話。

一五一八年三月，他用了一年多一點點的時間，就平定了南贛的匪患。破山中賊確實並不是很難。王陽明那一年已經四十七歲，他寫了一封〈乞休致疏〉，請求退休養病。但一五一八年六月，皇帝下了聖旨，升任王陽明為都察院右副都御史，官位從正四品升為正三品，子孫一人可以世襲錦衣衛百戶，繼續巡撫南、贛、汀、漳。

既然山中賊已破，接下來，王陽明致力的是破「心中賊」。

如何破掉百姓心中的「賊」？

王陽明一方面在社會管理方面設置了〈南贛鄉約〉，另一方面興辦學校，並親自擬定〈教約〉。鄉約是要從制度層面改善民眾的精神狀態，也就是我們今天說的，好的制度讓壞人變好，壞的制度讓好人變壞。而教育則是根本性的哲學啟蒙，造就一代新人。

王陽明的〈南贛鄉約〉在中國鄉村治理史上，是一個里程碑。這個鄉約，從組織架構到思考層面上，實施教化，重構鄉村倫理，至今仍有現實意義。

〈南贛鄉約〉中第一至十五條：

一、同約中推年高有德為眾所敬服者一人為約長，二人為約副，又推公直果斷者四人為約正，通達明察者四人為約史，精健廉幹者四人為知約，禮儀習熟者二人為約贊。置文簿三扇：其一扇備寫同約姓名，及日逐出入所為，知約司之；其二扇一書彰善，一書糾過，約長司之。

二、同約之人每一會，人出銀三分，送知約，具飲食，毋大奢，取免饑渴而已。

三、會期以月之望，若有疾病事故不及赴者，許先期遣人告知約；無故不赴者，以過惡書，仍罰銀一兩公用。

四、立約所於道裡均平之處，擇寺觀寬大者為之。

五、彰善者，其辭顯而決；糾過者，其辭隱而婉，亦忠厚之道也。如有人不弟，毋直曰不弟，但云聞某于事兄敬長之禮頗有未盡，某未敢以為信，姑書之以俟；凡糾過惡皆例此。若有難改之惡，且勿糾，使無所容，或激而遂肆其惡矣。約長副等，須先期陰與之言，使當自首，眾共誘掖獎勸之，以興其善念，姑使書之，使其可改；若不能改，然後糾而書之；又不能改，然後白之官；又不能改，同約之人執送之官，明正其罪；勢不能執，戮力協謀官府請兵滅之。

六、通約之人，凡有危疑難處之事，皆須約長會同約之人與之裁處區畫，必當於理、濟於事而後已，不得坐視推託，陷入於惡，罪坐約長約正諸人。

七、寄莊人戶，多於納糧當差之時躲回原籍，往往負累同甲。今後約長等勸令及期完納應承，如蹈前弊，告官懲治，削去寄莊。

八、本地大戶，異境客商，放債收息，合依常例，毋得磊算；或有貧難不能償者，亦宜以理量寬；有等不仁之徒，輒便捉鎖磊取，挾寫田地，致令窮民無告，去而為之盜。今後有此，告諸約長等，與之明白，償不及數者，勸令寬舍；取已過數者，力與追還；如或恃強不聽，率同約之人鳴之官司。

九、親族鄉鄰，往往有因小忿投賊復仇，殘害良善，釀成大患。今後一應門毆不平之事，鳴之約長等公論是非。或約長聞之，即與曉諭解釋；敢有仍前妄為者，率諸同約呈官誅殄。

十、軍民人等若有陽為良善，陰通賊情，販買牛馬，走傳消息，歸利一己，殃及萬民者，約長等率同約諸人指實勸戒，不悛，呈官究治。

十一、吏書、義民、總甲、里老、百長、弓兵、機快人等，若攬差下鄉，索求齎發者，約長率同呈官追究。

十二、各寨居民，昔被新民之害，誠不忍言；但今既許其自新，所占田產，已令退還，毋得再懷前仇，致擾地方，約長等常宜曉諭，令各守本分，有不聽者，呈官治罪。

十三、投招新民，因爾一念之善，貸爾之罪。當痛自克責，改過自新，勤耕勤織，平買平賣，思同良民，無以前日名目，甘心下流，自取滅絕。約長等各宜時時提撕曉諭，如踵前非者，呈官征治。

十四、男女長成，各宜及時嫁娶；往往女家責聘禮不充，男家責嫁妝不豐，遂致愆期。約長等其各省諭諸人，自今其稱家之有無，隨時婚嫁。

十五、父母喪葬，衣衾棺槨，但盡誠孝，稱家有無而行。此外或大作佛事，或盛設宴樂，傾家費財，俱于死者無益。約長等其各省諭約內之人，一遵禮制；有仍蹈前非者，即與糾惡簿內書以不孝。

二十世紀四十年代，蔣經國在贛南主政，推廣新生活運動，把王陽明作為自己的榜樣。蔣經國寫過一篇名為〈仰德堂記〉的文章，記敘了自己追尋王陽明觀德亭、重建新仰德堂的經歷，以表達自己對王陽明崇拜的心情。蔣經國學王陽明的〈南贛鄉約〉，也編制了〈新贛南家訓〉：

東方發白，大家起床，洗臉刷牙，打掃廳房。
天天運動，身體健康，內外清潔，整齊大方。
時間寶貴，工作緊張，休息睡覺，反省思量。
吃飯吃粥，種田艱難不忘；穿衣穿鞋，要以辛苦著想。

事事宜先準備，免得臨時慌張。

春天栽樹木，夏日造穀倉，秋收多貯藏，冬季種雜糧。夏衣春天做，冬衣秋季量。天晴修房屋，天雨補衣裳。戶戶養雞鴨，家家畜牛羊。處處要節約，無事當做有事防；時時要儲蓄，有錢應作無錢想。

青菜豆腐最營養，山珍海味壞肚腸；服裝器具用國貨，經濟耐用頂適當。

父母教子女，兄長告弟妹，勿貪錢財勿說謊，戒煙戒賭莫遊蕩。

生活要刻苦，婚喪莫鋪張；待人要誠懇，做事要有常；態度宜從容，舉止要端方；友愛兄弟，孝敬爺娘，妯娌和睦，一家安詳。

不聽閒話，自己有主張；不管閒事，埋頭幹一場。

禍從口出，休要說短論長；病從口入，衛生不可不講。

做過善事，不記心上；受人恩惠，永久不忘。

遇困難，不彷徨；處順境，不誇張。

做好事，莫宣揚；做壞事，莫隱藏。

人家急難相援助，人家成功要讚揚。

口角訴訟，兩敗俱傷；大家規勸，互相幫忙。
引誘親友做壞事，欺人欺己昧天良。
甘心情願當漢奸，辱祖辱宗害親房。
不論農工商學兵，都做堂堂好兒郎。
政府機關去服務，多求進步圖自強。
犧牲個人利益為國家，放棄一時安樂為民族。
男女老少受軍訓，全體動員拿刀槍。
人人都是中國兵，個個都去打東洋。
國難已當頭，戰事正緊張；日本鬼子不消滅，中華兒女無福享。
有錢快出錢，有力快出力，壯丁去當兵，老人看家鄉，婦女耕田地，兒童上學堂。

# 08——教育應當順從人的天性

五四時代的「反傳統」運動，經常批評中國古代沒有遵從兒童天性的教育哲學和方法。王陽明的〈教約〉，證明了五四時期「反傳統」的片面。

王陽明的〈教約〉之外，還有一篇〈訓蒙大意示教讀劉伯頌等〉，寫於正德十三年（一五一八），是一篇專門討論兒童教育的文章。此文開篇就說：「古之教者，教以人倫。」意思是，從前教育的目的，是為了教育孩子怎麼做人。也就是說，教育是為「成就一個一個的人」，而不是「應試的機器」。

然後，王陽明批評了當時的教育風氣：

「每天只是用標點斷句、課業練習督促他們，要求他們嚴格約束自己，卻不知道用禮儀來引導他們，只知道要求他們聰明，卻不知道培養他們的善良之心，只知道鞭撻束縛他們，像對待囚犯一樣。於是，他們把學校看作是監獄而不願去，把老師看作是強盜和仇人而不願見，伺機逃避、掩飾遮蓋來達到他們嬉戲玩耍的目的，作假撒謊來放縱他們的頑劣鄙陋本性。於是，他們得過且過，庸俗鄙陋，日益墮落。這是驅使他們作惡卻又要求他們向善，這怎麼可能呢？」

針對當時的教育弊端，王陽明提出了自己的教育理念：適合兒童的天性。

「一般而言，兒童的性情是喜歡嬉戲玩耍而害怕約束，就像草木剛開始發芽時，如果讓它舒展暢快地生長，就能迅速發育繁茂；如果摧殘，它就會很快枯萎。現在教育孩子，一定要使他們順著自己的興趣，多加鼓勵，使他們內心喜悅，那麼他們自然就能不斷進步。有如春天的和風細雨，滋潤了花草樹木，花木沒有不萌芽發育的，自然能一天天地茁壯生長。」

根據兒童的天性，王陽明推出了具體的教育方法：第一是「歌詩」，第二是「習禮」，第三是「讀書」。

「歌詩」在古代大約像我們今天的娛樂，被認為不務正業。但王陽明認為吟詠詩歌，可以激發孩子的興趣，同時吟詠詩歌，有喊叫，有手舞足蹈，可以發洩孩子的精力，也可以宣洩他們內心的鬱結。

習禮，可以嚴肅孩子們的儀容，也是讓他們在作揖叩拜中活動血脈，在起跪屈伸中強健筋骨。

讀書，不僅是為了開啟孩子的智慧，也是為了使他們在反覆思索中存養他們的本心，在抑揚頓挫的朗誦中弘揚他們的志向。

所有這些教育的手段，在王陽明看來，都是用來順應孩子們的天性，引導他們的志向，調理他們的性情，潛消默化他們的粗俗愚頑的秉性，這樣使他們逐漸接近禮而不感到艱難，性情在不知不覺中達到了中正平和。這才是教育的深意。

王陽明擬定〈教約〉，具體規定了如何上課。

每天上課之前，一定要對學生提問，比如：「在家的時候，自己那尊敬熱愛父母的心，有沒有懈怠的時候？能不能情真意切？每天早晚侍奉父母的禮節，有沒有虧欠和疏漏？能不能按照禮儀的要求一一做到？在路上過往的時候，步履姿態有沒有不檢點的地方？能不能謹慎小心？言語行動和內心活動，有沒有欺騙狂妄和非禮之處？能不能做到忠實守信、堅定誠敬？」諸如此類。

然後是背誦和朗讀課文，然後是禮儀學習，有些孩子在這段時間完成課業練習，再之後是學生反覆朗讀課文和教師講授課文，最後是唱詩。習禮和唱詩這類課程，目的是保存學生兒童的天性，讓他們快快樂樂、不知疲倦地熱愛學習，這樣他們也就沒有時間去做那些不好的事了。教師瞭解學生的心理，就知道如何去進行教育了。

尤瓦爾·哈拉瑞（**Yuval Noah Harari**）在《二十一世紀的二十一堂課》（*21 Lessons for the 21st Century*）裡提到，在人工智慧日益發達的時代，基於工作技巧層面的教育已經越來越沒有意義，但基於生活技巧層面的教育越來越重要。

如何做人，如何生活，如何發現生活中的美，越來越成為人存在的意義。王陽明的教育理念，和他的心學一樣，是要回到教育的本義：教育的目的是培養一個人，一個會思考的人，一個會審美的人，一個知行合一的人。

王陽明講知行合一，講「誠意」，講教育的核心是做人的道理。所以，做教育的人自己一定要表裡如一，一定要言行一致，否則自己都做不到，怎麼要求學生呢？

## 09——在教育孩子的過程裡，再次學習做人

我們在教育孩子的過程中，自己也經歷了再次學習做人的過程，學習做一個知行合一的人。我們經常為孩子的教育煩惱，但孩子的教育也很簡單：有什麼樣的父母就有什麼樣的孩子。有時候我的困惑在於：我們父母自己是這麼個樣子，卻要求孩子要那麼個樣子，這怎麼可能？自己成天打麻將，怎麼能要求孩子時時讀書呢？我甚至在想：與其瞎折騰各種方法教育孩子，不如我們自己先修行，成為你想要孩子成為的那種人。

沒有必要迷信權威，更不要迷信什麼教育模式，每一種模式或方式，都不可能是靈丹妙藥。每一個孩子都很獨特，有他自己的因緣，只能針對他的個性和環境，給他合適的教育。

也沒有必要「望子成龍」，如果一定要有所期待，那就只期待他慢慢找到自己的路。每個孩子都是獨一無二的個體，如果有什麼教育方法，那就是幫孩子找到其獨一無二的那一面。對孩子來說，最幸福的不是考上了名牌大學，而是在很年輕的時候就找到了自己願意用一生的時間去做的事情。

孩子未成年的時候，我們也許要教給他兩種東西：一是規範性的東西，比如禮貌，一定是規訓式的；二是選擇的能力，一定要讓他從小學會選擇。這就好像走路，我們需要要求孩子的，是一定要遵守交通規則，遇到交通燈必須按照指引，遇到擁擠必須排隊，等等。但是走什麼路，往哪個方向，用什麼工具，要讓孩子自己去選擇，讓他自己問自己：我到底想要什麼？能夠做什麼？

在我看來，父母最應該幫助孩子的，是讓他學會運用自由意志，自己選擇自己的生活。不要輕易為孩子做決定，讓他自己選擇，自己承擔責任。要讓他在很小的時候就明白，生活的意義就在於選擇。

選擇之後，就好好去做。

## 10——重要的是你應該時刻在行動裡

為什麼明白那麼多道理，還是過不好這一生？

按照王陽明的「行動法則」，做不到，其實是還沒有明白。如果真的明白了，那就一定會做到。做到了，就會過好這一生。佛學裡的戒律，儒家的戒律，其實都是要讓道理像一顆種子一樣，落地、發芽、開花、結果。我們談佛性，思考空性，談忠恕，談孝道，但是，如果不能戒掉妄語，每天還是大話連篇，自欺欺人，那麼，就算你把空性的道理，把忠恕之道講得頭頭是道，又有什麼用呢？

唐代詩人寒山有一個比喻，從另一個角度講了空談道理沒有用：「說食終不飽，說衣不免寒。」談論怎麼吃、吃什麼，是不會飽的；談論怎麼穿、穿什麼，是不會暖的。

寒山的詩歌講的是佛法修行，來源於《楞嚴經》：「今日乃知：雖有多聞，若不修行，與不聞等。如人說食，終不能飽。」大意是即使知道很多佛法，但如果不去實際修行，那麼，還是和不知道佛法的人是一樣的。

《壇經》裡智常問惠能：「佛說救度人的工具有三種，就是小乘、中乘、大乘，可是他又說還有最上乘。我不明白這話的意義，請大師指示。」

惠能這樣回答他：

「這件事你應該靜下心來，從內心去審察。只要你擺脫了分別心，你就會發現，道理哪有那麼多分別！救度人的道理其實並沒有分為四種。只是因為人的根性不同、智慧不同，所以為了方便眾生，勉強分為四種。見、聞、讀、誦是小的救度工具；瞭解佛的言詞和佛經的意義，是中等的救度工具；依照佛的教導而修行，是大的救度工具。一切道理皆通，一切道理盡備於心，而不再有一切雜念，並且擺脫了一切道路的束縛，空空蕩蕩，一無所得，是最上等的救度工具。最上等的救度工具必需最上等的實行，不在口頭的爭論。你要自己去修行，不要問我。」

要自己去修行，不要問別人，要問自己。這是唯一的路。不要浮在生活的面上，總是停留在對於道理和格言的追尋上。安靜下來，即刻全身心地去做一件你渴望做的事情，去完成一個過程。不必等到明天，不必等到下一刻。此刻就可以開始，開始把自己融入一個一個細微而溫暖的行動裡。做什麼並不重要，吃飯，散步，帶孩子，打掃衛生，開店，寫作，旅行，做生意，諸如此類，沒有什麼是不能做的，重要的是在做的過程裡，你要成為你自己。

重要的是你應當時刻在行動裡。

討論愛情是什麼，如何讓愛情天長地久是毫無意義的，重要的是你要真正地開始一段戀愛。愛情只存在於愛戀的過程裡。

討論婚姻是什麼，如何讓婚姻保持長久是毫無意義的，重要的是你要真正地去過日子，婚姻只存在於油米柴鹽的瑣事裡。

討論怎樣找到一個好工作是沒有什麼意義的，工作只存在於你喜歡的事情中，你需要的不是一份好的工作，而是一份可以讓你一輩子做不完的事情，你要從你喜歡的事情入手，走上屬於你自己的廣闊的道路。

芥川龍之介說：「為了使人生幸福，需要喜愛日常事物。雲的光輝，竹子搖曳，群雀啼叫，行人的臉——應該在一切的日常瑣事中，感到無盡的甜美。是為了使人生幸福嗎？但是喜愛瑣事也必然為瑣事所苦。跳進庭院前古池裡的蛙，可能打破了百年憂愁。但是，跳出古池的蛙也可能帶來了百年憂愁。哦，芭蕉的一生是享樂的一生，同時不論在誰的眼中也是受苦的一生。我們為了微妙的快樂，也必須遭受微妙的痛苦。為了使人生幸福，也必須為日常瑣事所苦。雲的光輝，竹子搖曳，群雀啼叫，行人的臉——應該在一切日常瑣事中感受到墜入地獄的痛苦。」

再好的道理，都不能讓我們脫離日常生活。我們必須在世俗生活裡，修煉一顆能夠發現美的心。在世俗生活的熱鬧裡，修煉一顆能夠清靜下來的心。沒有什麼訣竅，只有從每一個細小的行為上，去體會和修煉。

# 11 只有行動才能消解對不確定性的恐懼

行動法則可以讓你徹底擺脫糾結。

有這樣一個故事，說是有一個公司的兩個員工，遇到了工作上的瓶頸，於是，就去找一個禪師。禪師很輕鬆地說：「不過一碗飯。」於是，其中一個員工馬上辭了職，去尋找新的機會；而另一個卻安下心來，繼續在公司裡埋頭苦幹。多年以後，兩個人都成功了，又去找禪師，禪師笑了笑：「不過一念間。」

辭職或者留下來繼續工作，選擇本身其實並不重要，最終你都會有所收穫有所失去。重要的是，人不能處於一種糾結狀態，必須有所行動。真正可怕的是，不喜歡當下所做的事情，一方面既沒有勇氣離開，另一方面，又沒有智慧留下來安心於當下的事情。

有一個朋友認真思考了自己的一生，決定換一種活法，幾乎沒有什麼猶豫就辭職了。辭職之後投身一個新的領域，前景如何他並不確定，他唯一能夠確定的是自己在做新工作的時候，內心有一種滿足感。他說，這就已經足夠了，只有一個接著一個的行動，才能消解對不確定性的恐懼。

未來的答案，就在我們當下的行動裡。只要跨出去，自然可以走出一條路來。

有一個朋友認真思考了自己的人生的目標與方向，覺得眼前的工作實在不是自己想做的，很想換一種活法，但又擔心負擔不起生活的開支，因而不敢辭職。於是他很快就決定留下來，但換了一種工作的方法。既然不喜歡這份工作，也就完全放棄了在這個單位裡晉升的想法；既然不想晉升，好像一切也就變得簡單了。他在上班時間把本職工作做好，業餘時間就去做自己喜歡的事。

五年過去了，他的業餘愛好讓他漸漸從原來的圈子裡走了出來。今年他沒有任何糾結，很自然地辭職了。這應驗了一句話：人們總是能夠在他喜歡做的事情裡找到謀生的方法。

在今天這樣變化迅速的時代，我們不要指望有穩定的工作或行業。也許，只有這三個東西能夠確保我們一生的穩定：一是強大的學習能力，二是良好的心理素質，三是堅定的行動力。而行動力才是最關鍵的。

記住泰戈爾的話：只有在行動中，你才能永生。

# 五　擔當法則

佛怕父子累，卻逃了父子；怕君臣累，卻逃了君臣；怕夫婦累，卻逃了夫婦。都是為個君臣、父子、夫婦著了相，便須逃避。如吾儒有個父子，還他以仁；有個君臣，還他以義；有個夫婦，還他以別。何曾著父子、君臣、夫婦的相？

——《傳習錄．黃直錄》

# 01——在世間行正道，究竟有多困難

平定南贛匪患之後，王陽明請求退休不成，升官至三品，繼續留在江西。這一留，又遇上了寧王朱宸濠叛亂，卻成就了王陽明一生中最大的一件事功。

一五一九年六月十三日，寧王在南昌起兵造反。當時絕大多數官員採取觀望態度，只有王陽明以很少的兵力，用計謀擊敗了寧王，保住了武宗朱厚照的江山。

七月三十日，王陽明寫了〈江西捷音疏〉和〈擒獲宸濠捷音疏〉，上報朝廷。這兩封報告到達皇帝那裡時，正好是他御駕親征的第二天。按照常理，收到王陽明的捷報，應該班師回朝。卻不想，這個皇帝非常奇葩，收到這個捷報後，假裝沒有看到，繼續向南進軍。

王陽明在八月十七日又上書，告知叛亂已經平定，請皇帝返回北京。

但令王陽明完全想不到的是，他的上書讓皇帝很不高興。皇帝身邊的人，一堆宦官，見到皇帝不高興，有幾個更加進言王陽明一定是和朱宸濠有勾結的，否則，他一個書生，也沒有什麼兵力，怎麼能那麼快打敗宸濠？

因此，皇帝繼續向南。王陽明手上抓著朱宸濠，卻要等候皇帝御駕親征。緣由只是皇帝一直有當大將軍的夢想，還為自己另外取了一個名字——朱壽，並封朱壽為「大將軍」。

皇帝一直夢想著做大將軍，而且是想做一個戰功赫赫的大將軍。宸濠叛亂，是很難得的機會，皇帝一定要讓「大將軍朱壽」生擒宸濠。皇帝周圍的人，為了讓皇帝實現夢想，絕對不能讓王陽明上報已經擒獲宸濠。他們一直對皇帝說前方如何緊張，宸濠的軍隊如何橫行之類，等著大將軍去剿滅。

這就把王陽明置於非常尷尬又危險的境地。這件王陽明一生在軍事上最大的功勞，給他帶來的不是什麼獎勵，而是幾乎喪命的危險。

這正是明朝官場的一般情形：真正做事的人很少，皇帝身邊的人基本都是熱衷於爾虞我詐，爭著哄皇帝開心；而大多數人，只是在看熱鬧。

在明清時代，不論好官還是貪官，只要有所作為，很多都下場不好，輕則流放發配，重則滅九族。能夠平安的，基本上都是無所事事的平庸官員。清朝有一個「不倒翁」官員傳授「成功經驗」：「其實也沒有什麼，就是多磕頭，少說話。」但這類平庸官員，為了皇帝的歡喜，不會放過任何一個說別人壞話的機會。

王陽明在宸濠之亂後，心情沉重。他在一首詩中說：「世路久知難直道，此身那得尚虛名。」另一首詩：「百戰歸來一病身，可看時事更愁人。道人莫問行藏計，已買桃花洞裡春。」在這個世間要行正道，實在是太困難了。

此時的王陽明心灰意冷，起了歸隱的心。但就像孔子所說的，君子不去陷害別人，但也不能被別人陷害。這個時候，王陽明找到了問題的關鍵，然後，利用了皇帝身邊宦官張永的力量，才讓自己逃過了一劫。

按照張永的設計，一五二〇年七月，王陽明重新上報，把功勞全部歸於大將軍，以及皇帝身邊的幾個宦官。皇帝回到北京，舉行了盛大的慶祝儀式。那些完全沒有參戰的宦官，得到了各種嘉獎，而王陽明卻受到很多同僚的嘲笑。

# 02——把生死放在一邊，只做對的事情

為什麼宸濠叛亂的時候，大多數官員都是在觀望？

因為從前的燕王，推翻了建文帝，成為永樂皇帝。宸濠的曾祖父朱權也是朱元璋的兒子，幫助過燕王奪取皇位。所以，寧王成為皇帝，不能說完全不可能。根據中國歷史的經驗，皇帝後裔之間爭奪帝位，最後鹿死誰手誰也不知道，所以一般的官員都只是觀望和看戲。

王陽明在這件事上顯現了儒家的本色：道義原則優先。放下所有的利害關係，把生死放在一邊，只做對的事情。

如果宸濠成功，那麼，王陽明的命運就是滅九族。事實上，當時宸濠成功的可能性很大，但王陽明還是義無反顧。

今天的我們看待這件事，會覺得很難理解。第一，我們會覺得，王陽明冒著生命危險，去幫助那樣一個昏庸的皇帝，值不值得？事實上，宸濠應該比朱厚照更有才華，換他當皇帝也許對老百姓更好一些。第二，我們會覺得，那麼多人在看熱鬧，只有自己在真正做事，卻被不做事的人陷害，差一點丟了性命，值得嗎？換作今天的年輕人，如果在單位裡覺得領導不公平，覺得大家不做事，只有他自己在做事，基本上就會拂袖而去。

但對於王陽明來說，不存在這個值不值得的問題，只存在我該不該做的問題。如果自己覺得該做，那麼即使千萬人反對，他也會一往直前；如果不該做，就算讓他做皇帝，他也堅決不會做。

恰恰在這一次極其不公平的對待之後，王陽明在「知行合一」的基礎上進一步把自己的理論歸納為「致良知」。他在給朋友的信中說，越來越覺得致良知是「真吾聖門正法眼藏」，以前還有所懷疑，但經歷了一番風浪，對於良知全然信仰，良知可以幫我們平安度過各種艱難險阻。

王陽明又對學生說，人人皆有良知，就算朱宸濠，也有良知。朱宸濠被俘後，請王陽明厚葬婁妃，因為婁妃曾經勸他不要造反，現在回想起來，婁妃是對自己最好的人。

《傳習錄》裡關於良知的論述，主要包括兩層含義：第一，良知就是每個人的本性，天生就具有的東西，比如孟子說的，我們看到孩子掉在井裡，會有惻隱之心。這個惻隱之心，就是良知。只是我們的私欲經常蒙蔽了我們的良知。所以，要修行，要「致良知」。

第二，良知是反求諸己，是在我們自己身上，不在別人身上。就像宸濠之亂，王陽明冒著生命危險去平定叛亂，並不是為了皇帝，而是為了他自己，是因為他內心的良知要求他做一個君子，恪守為臣之道。又比如，孝順父母，這個孝順，並不在父母身上，而是在我們內心孝的本性上，所以我們才會去盡孝。

## 03——良知是什麼？

關於「良知」，王陽明有過很多界定：

「良知只有一個。就它的妙用而言可以稱之為神，就它的流行而言可以稱之為氣，就它的凝聚而言可以稱之為精，怎麼從形象、方位、場所上求得良知呢？真陰之精，就是真陽之氣的母體。真陽之氣，就是真陰之精的父體。陰生於陽，陽生於陰，陰陽不可分割為二。如果理解了我的良知學說，那麼，凡是類似的問題，都可以不言自明。否則，如同你來信所述的三關、七返、九還之類，還會有無窮無盡的可疑處。」

「能夠讓人『戒慎恐懼』（警惕謹慎有所敬畏）的，就是良知。」

「良知就是道。良知就在人的心中，不管是聖賢，還是平常人，都是如此。如果沒有物欲牽累蒙蔽，只是倚靠良知去發揮作用，那麼，時時處處都是道。然而，平常人大多被物欲牽累蒙蔽，不能遵從良知。像上面說到的幾位人物，天生資質清明，自然很少有物欲的牽累蒙蔽，那麼，他們的良知產生作用的地方自然會多一些，自然離聖道就近。所謂的學，就是學習遵從良知。所謂知道學，只是明白應該專心學習遵循良知。上面說的那些人，雖然不知道專門在良知上下功夫，有的興趣廣泛，受到外物的影響和迷惑，有時會偏離聖道，有時會符合聖道，沒有達到純正的境界。如果他們能夠明白這一點，那麼，也就是聖人了。後世儒生認為上面說到的那些人，都是憑天生的資質建功立業，未免是不知其然，更不知其所以然。這樣說後世儒生，並不為過。」

顯然，良知是我們內心本來就有的品質和能量。

「良知」這個概念是孟子創造的。孟子說過這樣一段話：「人之所不學而能者，其良能也；所不慮而知者，其良知也。孩提之童，無不知愛其親者，及其長也，無不知敬其兄也。親親，仁也；敬長，義也；無他，達之天下也。」

大意是：不用學習就會的，是人與生俱來的良能；不用思考求索就明白的，是與生俱來的良能。小孩子不需要學習就知道愛他的父母，長大之後，不需要學習就會敬重他的兄長。愛父母是仁，敬兄長是義，一點都不深奧，也不複雜，只要是人，天生就曉得仁義。

所以，發掘內心良知的關鍵，是要「做人」。

## 04——良知的種子一直都在

孟子用良知良能，推論出人人的心中都是堯舜，人人都可以做堯舜。我們所需要的一切知識、能力，其實在我們心中都已經具備，只是我們自己遺忘了。

孟子有過一個「牛山」的比喻。說是牛山上到處是茂密的樹林，清澈的溪流。後來附近的人不斷去山上砍柴，漸漸牛山的樹越來越少，幾乎成為一座荒山。但只要下雨，那些殘留的嫩芽，又會慢慢長出草木，恢復從前的生機勃勃。看到荒山的人，都以為這座山本來就是這樣的。其實，山的本來樣子是生機勃勃。人的心，也是如此。有時天性的良善、仁義，不過是被砍伐掉了，但是，那嫩芽、種子，一直還在。

孟子的說法，其實和人類軸心時代的大多數哲學接近。佛陀認為人人心中都有佛性，只是迷失了。蘇格拉底認為我們的知識都在我們的記憶裡。一切都已經在那裡，我們只需要回歸，只需要去發現。這是軸心時代的哲學遺產留給我們的一個重大命題。

當然，近代哲學，尤其是科學哲學提供了另一個思路：創造和發明。這是一條不斷向外尋求的路。

科技真的是我們發明的嗎？凱文．凱利（Kevin Kelly）在《技術元素》（*The Technium*）裡認為，人不可能發明科技，而是宇宙裡一直存在的科技元素，透過人而變成了科技。人要做的，只是去發現。

到底是發明，還是發現？並不容易取得一致的意見。

那麼，如何去發現我們的良知呢？

孟子的答案是「集義」，就是不斷在心中積累仁義，不斷按照道德原則去做應該做的事，也就是有所擔當。人在盡到自己責任的過程裡，就會挖掘出自己內心的良知良能。

什麼是擔當?什麼是盡責?

王陽明曾經給他的一個學生改名。那個學生叫王銀，王陽明改為王艮。這個「艮」字，相當於「止」：人應當止於天理給他安排的那個位置。在丈夫的位置上應該盡到丈夫的責任，在巡撫的位置上應該盡到巡撫的責任……。

## 05——做人，就是做你應該成爲的那個人

皇帝再昏庸，王陽明也並沒有什麼怨言，因為他的行為並不是為了皇帝，而是為了自己，為了盡到自己所處位置的責任。即使大家都不做事，即使大家都在做壞事，王陽明還是不會拂袖而去，還是會堅持做自己認為對的事情。

這是王陽明心學關於做人的第五個法則：擔當。

這應該是王陽明最了不起，也是最具有古典精神的地方：從不趨利避害，而是義無反顧，做自己認為對的事情，有所擔當。

王陽明宣導良知。良知就是我們做人的種子。這個種子就埋藏在我們的內心之中，只要讓我們的心變得純粹，良知就會顯現；只要知行合一，良知就會顯現；只要有勇氣去擔當我們應該承擔的責任，良知就會顯現。

做人，就是要做我們本來應該做的人。做應該做的人，就是有所擔當，做應該做的事。王陽明心學，其實就是這麼簡單。做人，也就是這麼簡單。

## 06——拂袖而去很容易，難的是留下來

王陽明一生，在自己的生活實踐裡，把儒家的自我擔當精神發揮得淋漓盡致。他的心學，就是他在生活裡不斷自我擔當的過程裡漸漸形成的。在個人興趣和社會責任之間，王陽明更重社會責任，並透過修行把自己的興趣融入社會責任之中。

王陽明的態度，其實是孔子「知其不可為而為」的繼承。現實確實不盡如人意，社會確實有種種弊端，但作為知識分子，總要盡到自己的責任。但是，問題在於，中國古代從秦朝到清朝，在以皇權為核心的人治制度下，總是小人當道，官場總是腐敗，怎麼辦呢？

東晉時候的陶淵明猶豫再三，最後拂袖而去，歸隱田園。在陶淵明看來，為了尊嚴和自由，也為了安全和穩定，實在沒有必要在官場這樣一個處處是陷阱、時時

有危險的地方做無謂的努力，不如做一個農民逍遙自在。陶淵明的活法，打動了歷代中國知識分子的心。

王陽明在平定寧王之亂後，經歷了一個非常艱難的時期，他沒有得到皇帝的嘉獎，反而被皇帝身邊的人誣陷，幾乎面臨生命危險。王陽明寫過一首詩，最後一句是：「若待完名始歸隱，桃花笑殺武陵人。」大意是等到功成名就之後再像陶淵明那樣歸隱，就已經晚了；內心隱隱有歸隱的萌動。

其實，在當年被貶去貴州龍場的路上，王陽明在憂傷痛苦中，想起的是：「客途最覺秋先到，荒徑惟憐菊尚存。」翻用了陶淵明那一句：「三徑就荒，松菊猶存。」

但王陽明最終沒有像陶淵明那樣歸隱，而是堅持在官場活出了自己。如果說陶淵明成就了一種自由而有尊嚴的詩意人格，那麼，王陽明成就的聖人人格，其實是自律而有尊嚴的現實人格。

大多數人，尤其今天的大多數人，很難做到陶淵明那樣，拂袖而去，歸隱田園。我們總要考慮對家庭的責任，也要考慮對別人的責任。日本企業家稻盛和夫是一個虔誠的佛教徒，到八十歲還要出家。但在他的一生中，他把佛法的慈悲、精進、禪定等修行方法，用在了企業管理上，表現出來的是對家庭的責任，還有對企業員工的責任。

所以即使是佛教，也不是像王陽明說的那樣，完全逃避，也可以很精進，可以很入世。賈伯斯年輕的時候，也想要過一種靈性的生活，但當他諮詢他的禪宗師父時，師父卻覺得沒有必要，以他的天賦，做商業，也可以很好地幫助他人。他就全心全意地做了蘋果這個企業。

他的個性在年輕時候很嬉皮，很自我，但慢慢地，在人生的晚期，他學會了對自己的孩子負責任，對自己的員工負責任。

也許，對稻盛和夫和賈伯斯來說，出家是容易的。一個人去山裡、寺廟裡逍遙，但做企業是不容易的，是要擔當很多責任。這個世界上，需要一些人出家，更需要我們大家有所擔當。

對於大多數人來說，我們很難學習陶淵明，不願意當官了，就拂袖而去，也很難學習六祖，一聽到《金剛經》就跑去黃梅學佛。

我們大多數人，還是要學習王陽明，在興趣和責任、原則和世故之間找到平衡。

# 07 工作就是修行

王陽明早年有一段時間沉迷佛教、道教，但後來就漸漸放棄了。

他此後曾經多次解釋自己拋棄佛、道的原因，是他認為佛、道缺乏對於世間責任的擔當。王陽明批評佛家為了不為親情所累，就遠離父母，而在他看來，不想為親情所累，恰恰應該充分地表現、承擔親情，也就是盡孝道，才是真正不為親情所累；因為親情就是每個人的良知和天性。

他對學生陸九川說：「佛家擔心父子關係是一種牽累，於是就逃避了父子關係；擔心君臣關係是一種牽累，於是就逃避了君臣關係；擔心夫妻關係是一種牽累，於是就逃避了夫妻關係，這些，都是執著於君臣、父子、夫妻的相，他才要逃避。我們儒家，有父子關係，就給予仁愛；有君臣關係，就給予忠義；有夫妻關係，就給予禮節。什麼時候執著於父子、君臣、夫妻的相呢？」

毫無疑問，禪宗也罷，道家也罷，他們不喜歡這個塵世，就遠離這個塵世。儒家其實也不喜歡這個塵世。從孔子到王陽明，中國的儒家都是現實批判者，都認為現實「禮崩樂壞」，只有從前堯、舜、禹的時代，是唯一的美好時代；但儒家不避世，恰恰是因為這個世界不美好，所以更要深入這個世界，讓這個世界變得美好。

王陽明有一次和學生感嘆，退隱是容易的，但當官太難了。當官，要遵守很多潛規則，要捲入各種你死我活的權鬥，如何保持自己的尊嚴？如何恪守自己的良知？如何保全自己的性命？非常不容易。

王陽明的價值，大概在於他做到了這個「非常不容易」。

王陽明心學在思維方式上深受禪宗影響，但在應用上完全是兩個方向。如果說禪宗是「放下」，王陽明心學就是「拿起」，是擔當。因為強調擔當，所以又非常注重「事上練」，就是不逃避，在每件事情上去磨練。

有一個司法官員對王陽明說，自己工作太忙，沒有時間學習。

王陽明回答說：我並沒有叫你辭了職，懸空去學習啊，你做司法的工作，就從司法這件事上去學習，也是格物。比如詢問案件的時候，不因為什麼發怒或高興，不因為自己的喜惡或人情關係而有所偏重，等等。這講的就是我們其實可以在每一件事上學習，用現在的話說，工作就是修行。

## 08——最終成就一個人的，是他的擔當

《世說新語》中記載了這樣一件軼事。戰亂年代，漢魏名士華歆和王朗一起乘船逃難，有一個人要求搭便船。華歆拒絕了，但王朗說：「船還有空餘的地方，為什麼不帶上他呢？不過舉手之善。」於是，他們就帶上那個人，上了船。

走不多遠，有土匪追上來，王朗為了讓船走得更快，就想把那個人扔下。但華歆堅決不同意這樣做，他說：「當初我之所以不願意帶這個人，就是擔心一旦出現危急情況無法照顧他。現在既然帶上了，就不應該拋棄他。」於是就一直帶著那個人，一起脫離了險境。

關於華歆，還有另一個故事。有一次，他和同僚鄭泰等人一起逃難。路上遇到一個老人，希望跟著他們一起走。所有人都說應該帶上這個老人。只有華歆反對。走不多久，老人掉進了井裡，所有人都說扔下不管了，逃難要緊，只有華歆堅持要

救老人。華歆當初之所以不願意帶上老人，一則是在兵荒馬亂的年頭，一個來歷不明的人很危險；二則一旦遇到什麼危難情況，不知道有沒有能力救助這個老人。

華歆這個人經歷了東漢到三國再到曹魏的亂世，卻一直平平安安，還一直受到重用，有人說他之所以能夠如此，是因為他記住了他的老師陳球教給他的「身處亂世，不忘初心」。

這個初心，不太容易說得清。但從華歆的行為看，他一方面堅持了自己的信仰，就是儒家的基本道德觀，但同時，他又非常冷靜，不求虛名，對於自己的責任有清醒的考慮，做不到的事情就不去沾惹，不越位，把事情控制在自己能夠控制的範圍內，做自己應該做的事。但一旦答應了別人，就不怕事，擔當到底。

最終成就一個人的，是他的擔當。

## 09——願意擔當多大的責任，就能成就多大的人生

獲得過諾貝爾獎的物理學家費曼，年輕的時候和一個叫阿琳的女孩子戀愛。後來阿琳得了肺結核。那個年代肺結核就是一種絕症，而且會傳染，所以，費曼的母親建議兒子和阿琳保持訂婚狀態即可。

費曼還是決定要和阿琳結婚。他給母親寫了一封信，詳細回答了自己要結婚的理由。他先是向母親講了肺結核傳染的事，他說他請教了醫生，知道了肺結核在什麼樣的情況下會傳染，還請教了醫生肺結核病人是否能夠結婚。然後他說：「我要和阿琳結婚，因為我愛她，也就是說，我要照顧她。事情就是這麼簡單。我顧慮的事情是，為了照顧自己心愛的人，要負擔多重的責任，有什麼不確定的因素。」

愛她，而且想照顧她，所以必須要結婚。愛是激情，但照顧是責任。因為是責任，所以，費曼在信裡仔細地向母親報告了，假如他和阿琳結婚，會不會影響他的工作，

如果她需要治療，他能不能負擔醫藥費，等等。把這些賬算清楚後，他還預估了最壞的情況：「這裡所提到的數額，只是一種猜測，但我願意賭一賭。我認為我會賺到足夠開銷的錢。如果辦不到，我也知道自己將會很慘，但我認了。」

他分析自己「為什麼要結婚」和所謂「高貴的情感」無關。而且，他很清楚自己「對這個世界還有別的期望與目標」，並不是只有愛情，只有阿琳。「我要貢獻全部心力，為物理學付出。這件事在我心中的分量，甚至超過我對阿琳的愛。」

很幸運地，他覺得這兩件事沒有什麼衝突，可以同時做得很好，所以，他決定結婚。解釋完這些之後，他擔心母親不理解，還加了一個附注，又特別強調了自己也很明白自己的婚姻是一場冒險，有可能讓他陷入各種困境裡。儘管如此，他在對未來的反覆推演裡，還是覺得更多的是喜悅。最後，他又希望母親幫助他再想想他自己還沒有預估到的困難。

一九四二年他和阿琳結婚，一九四五年，阿琳去世。

費曼在一九六〇年和英格蘭女子溫妮絲結婚。他們在瑞士邂逅，溫妮絲當時嚮往的是一面打工，一面環遊世界。費曼隨口說可以到美國做他的管家。

然後，溫妮絲真的到了美國，做他的管家。兩個人互相並沒有產生什麼特別的感覺，還各自約會，但不知不覺，兩人好像陷入了情網。費曼覺得自己愛上了她，但是，他懷疑自己是不是只是衝動，於是，定了一個時間，如果到那時還沒有改變心意，就向她求婚。此後，他們在一起共度了餘生。

費曼是一位物理學家，從事的領域非常枯燥，但生活中的他非常有趣，他喜歡畫畫、跳舞、打森巴鼓等等，關鍵是他把生活處理得輕鬆而可控。像他第一次的戀愛、結婚，在常人看來是苦戀，很容易變成爛俗的瓊瑤小說，但費曼以一個科學家的智慧和藝術家的趣味，讓這一件事變得很溫暖很陽光。

「我愛她」是激情，「我要照顧她」是責任。激情是容易的，責任是困難的。很多婚姻之所以出現問題，往往是因為只有激情，而缺乏責任的考量，沒有認真考量過彼此能夠為對方承擔什麼樣的責任。激情是一切的開始，沒有激情，就沒有愛，就不可能有美好的婚姻；但婚姻能夠走多久，最終取決於彼此願意並能夠為對方承擔多大的責任。你願意承擔多大的責任，就能夠成就多長久的婚姻。

不只是在愛情關係裡，在所有人與人的關係裡，責任都是重要的因素。很多關係不能長久，很多關係容易破裂，就因為一開始沒有把自己的責任想清楚。

你願意擔當多大的責任，就能成就多大的人生。

# 跋

## 一件事照亮一生

## 01

大學時，讀《世說新語》，讀到這麼一段，說到張翰在洛陽「見秋風起，因思吳中菰菜羹、鱸魚膾」，感慨：「人生貴得適意爾，何能羈宦數千里以要名爵！」意思是人活著就要自在快活，何必為了當官跑到千里之外。說完，就辭官回到蘇州老家，從此過著釣魚、寫詩、閒逛的美好生活。

年輕時候讀這段文字，覺得張翰這個人真是瀟灑，很酷。為了故鄉的鱸魚菰菜，一個念想就辭了職，說走就走。後來，讀更多的歷史，發現瀟灑後面，是並不輕盈浪漫的現世，是很沉重的人生考量。

張翰是吳國人，他父親是吳國的高官。西晉滅了吳國，張翰還有吳國的另外一些貴族，像陸機、顧榮、賀循等，都去了北方洛陽效忠新的王朝。張翰就在齊王司馬冏的幕府裡。齊王深陷西晉的權力鬥爭，大約讓張翰感到了不安。他對同鄉顧榮說：「天下紛紜，禍難未已。夫有四海之名者，求退良難，吾本山林間人，無望于時。」

這句話裡的重點是「求退良難」。退一步海闊天空。好像我們不求上進，走投無路了，退一步總可以吧。但人生的殘酷，就在於很多時候想退都沒有退路。

陸機一直在權力中心廝混，後來滿門抄斬，臨死時感嘆：「華亭鶴唳，豈可復聞？」還能聽到家鄉鶴鳥的鳴叫嗎？

還能退回到從前嗎？

## 02

關於陶淵明的歸隱，我們熟悉的，是這樣一個很灑脫的畫面：不願意向上司主管低三下四，甩下一句「吾不能為五斗米折腰」，就拂袖而去。然而，這個灑脫背後，也是很沉重的人生考量。陶淵明在〈飲酒〉第十七首裡透露了消息：「覺悟當念還，鳥盡廢良弓。」在權力的世界，有才華的人要麼淪為工具，要麼被殺掉。所以，一旦覺悟了就趕緊離開吧。

陶淵明曾經在劉裕的手下當過幕僚。後來，劉裕當了皇帝。劉裕當了皇帝後，就把一些曾經幫助過自己的功臣給殺了。比如謝混、劉毅、諸葛長民等，這些人在討伐桓玄的過程裡，立下汗馬功勞，但劉裕奪取權力後，這些人就成為劉裕的心頭之患，都被殺掉了。

諸葛長民臨死前感嘆：「貧賤常思富貴，富貴必履危機。今日欲為丹徒布衣，豈可得耶？」意思是，在底層的時候總想著要富貴，而富貴總要經歷種種危機。現在我多麼想退回到從前在丹陽做普通人的日子。

還記得那個與陶淵明同時代做官，東晉的開國功臣檀道濟嗎？劉裕當皇帝後，他去勸請陶淵明出來當官，誇讚現在的皇帝多麼英明，現在是多麼繁榮的盛世，讀書人應該出來服務社會。但幾年後，他自己就被另一個英明的皇帝殺了。

在陶淵明去世前後，他曾經的那些一直留在權力世界的同事，要麼被殺，要麼進監獄，要麼生活在不安焦慮之中。只有陶淵明，在南山下喝酒讀書，悠然自得。

## 03

秦朝的李斯，是非常了不起的人物，擅長權術，卻死於更善於玩權術的趙高，最後落得滿門抄斬的結局。臨刑前，他看著一同服刑的兒子，忽然悲從心來，愴然曰：「吾欲與若復牽黃犬，俱出上蔡東門，逐狡兔，豈可得乎？」他想起從前在上蔡，還是一個小官員的時候，和兒子牽著黃犬，追逐兔子，那是多麼快樂的時光。

但是，再也回不去了。

有一本講中國謀略的書，分析李斯為什麼敗給了趙高，講了趙高玩權術玩得多麼厲害，總結了七八條經驗。好像很厲害，但作者忘了最關鍵的一點，那就是，趙高以及他的兒子，在李斯之後也被殺了。

從秦朝到清朝，中國的歷史，從某種意義上講，就是一部權鬥的歷史，互相殘殺，沒有退路，而玩弄權術的人，最後大多死於權術。

很多人崇拜的司馬懿，處心積慮，父子三代靠著權術謀取了天下，然而，查查歷史，看看他們的後代，互相殘殺的殘酷，真像地獄。至於末代的兩位皇帝，連同皇后，也被俘虜，被侮辱，最後被全部殺光。

只有像張翰、陶淵明那樣的人，退出了舞臺中心，到太湖邊釣魚，到南山下喝酒，像局外人那樣看著舞臺上一齣接著一齣的戲，看盡權力的欲望如何帶著一個接著一個的人演出無路可退的人間悲劇。

而王陽明，在陶淵明之外，堅持留在這個舞臺上，在這個險惡的以權鬥為核心的政治舞臺上，以他的「良知」，完成了作為人的一生，為中國人的活法創造了一個不朽的典範。

## 04

中國歷代統治者都信奉儒家，把孔子奉為聖人，但在實際生活中，權力場的倫理和儒家其實格格不入，盡是虛偽狡詐。儒家推崇忠君，但君王大多是昏君，要麼殘暴，要麼昏庸。明代的君王從朱元璋，一直到最後的皇帝朱由檢，無不如此。

歷史學家黃仁宇分析說，這種情形「斷非個人的原因所得以解釋」，根本原因在於「制度已經山窮水盡，上自天子，下至庶民，無不成為犧牲品而遭殃受禍」。

王陽明一直為這個制度承受犧牲。平定南贛叛亂，王陽明完全是拯救了朱厚照的政權，但作為皇帝的朱厚照，不僅不感謝他，還差一點殺了他。皇帝身邊的人，不僅不感謝他，還反過來誣陷他是寧王的同謀。事實上，王陽明的學生冀元亨，冒著生命危險，協助王陽明平定寧王叛亂。但最後，居然以通敵罪被捕入獄，冤死在牢中。

王陽明也無能為力。

一五二一年朱厚照死了，明世宗嘉靖皇帝朱厚熜上臺。本來對於王陽明是一件好事，但權力鬥爭的複雜在於派系的錯綜，利益的交織。雖然一朝天子一朝臣，明世宗上臺，反而會重用被前任皇帝冷落的人。但是，當年提拔王陽明去南贛平定叛亂的內閣大臣王瓊，以及在平定宸濠叛亂中，幫助過王陽明的宦官張永，在新皇帝的權力洗牌中，被洗掉了。王瓊的對立面掌握了實際的權力。無論王陽明有多大的功勞，有多大的冤屈，在權力場，派系高於一切。但另一方面，考慮到王陽明的影響力，執政者又不得不重視王陽明。

王陽明處於尷尬的境地。結果是一五二一年七月，朝廷任命王陽明為南京兵部尚書，是一個閒職。過了幾個月，朝廷又授予王陽明一個叫作「新建伯」的爵位，三代，也就是他的父親、祖父可以追封，子孫世襲。這算是對於王陽明平定宸濠叛亂的獎賞。

一五二二年，王陽明的父親王華去世，按照古代的傳統，要守孝三年。而這正是王陽明內心渴望的生活：在家鄉講學。守孝三年後，朝廷並沒有任命王陽明新的職務，他又在家鄉紹興逍遙講學了兩年。

一五二七年，朝廷突然又想到王陽明，任命他為都察院左都御史，不久又被任命兩廣巡撫，去平定廣西思恩、田州兩地的動亂。一五二八年，王陽明認定思恩、田州的「土匪」，其實是官逼民反，要解決的是「官」的問題。冒天下之大不韙，上奏皇帝，指出了從中央到地方政府官員的腐敗，造成了民間的動亂。他以招安的形式，和平地解決了動亂。同時，又以智取的手段，平定了附近瑤民的叛亂。

王陽明又為朝廷解決了一件大患，但是，他得到的仍然不是獎勵，反而是朝中大臣們的諸多猜忌。當朝廷在決定要不要對王陽明予以獎勵的時候，只有一個叫霍韜的官員，上書給皇帝，極力主張應該大大地嘉獎王陽明，因為這關係到國家的安危。但這封上書，到了皇帝那裡，皇帝只表達了一個意思：知道了。最終在一五二八年九月，皇帝派了使者到廣州，給了王陽明五十兩銀子作為獎勵。

05

王陽明對於是否得到皇帝或大臣們的肯定，其實早已經不在乎了。從龍場悟道之後，皇帝在王陽明心目中似乎越來越不重要。研究王陽明的學者發現，王陽明在龍場悟道之後，尤其是南贛平叛亂之後，很少以臣子的身份對於國家大事發表意見，他的上奏，都是因職位所要求而不得不報的情況彙報。

比較突出的有兩件事。第一件，一五一五年，皇帝朱厚照命太監攜鹽引數萬，大迎活佛，朝中官員紛紛上書勸止，王陽明也寫了〈諫迎佛疏〉，但並未上書。後來，王陽明說自己之所以打算像眾人那樣上書，只不過是因為那個時候「尚有些子鄉愿的意思在」。

第二件是「大禮議」之爭。皇帝朱厚照沒有子孫，死後讓他的堂弟繼位，就是明世宗，也就是嘉靖皇帝。世宗覺得不能不顧自己的親生父親，堅持要把自己的親生父親興獻王追封為皇帝。這引起大臣的爭議。王陽明卻沉默了。不久，他在一首詩中寫了這麼一句：「無端禮樂紛紛議，誰與青天掃宿塵。」

王陽明已經不像傳統的儒家仕者，把希望寄託於君王。那麼，寄托於誰呢？他解釋自己為什麼要講學時，說過這麼一段話：「誠得豪傑同志之士扶持匡翼，共明良知之學於天下，使天下之人皆知自致其良知……以濟於大同。」

王陽明把希望寄託於天下人，寄託於喚醒天下人的良知，人的覺醒。他把傳統儒家的「得君行道」的「君」改成了「個人」。所以，在學術界有一種說法，王陽明的心學，是儒家的一次自我革命。

余英時先生稱王陽明的心學，是「一場偉大的社會運動」，並這樣評價王陽明：「是要透過喚醒每一個人的『良知』的方式，來達成『治天下』的目的。這可以說是儒家政治觀念上一個劃時代的轉變，我們不妨稱之為『覺民行道』，與兩千年來『得君行道』的方向恰恰相反，他的眼光不再投向上面的皇帝和朝廷，而是轉注於下面的社會和平民……這是兩千年來儒者所未到之境。」

## 06

一五二九年一月九日，王陽明從廣州返回紹興途中，經過一個叫作青龍鋪的地方。王陽明把他的學生周積叫到身邊，說了一句：「吾去也。」周積問老師還有什麼要交代，王陽明輕輕回答了一句：「此心光明，亦復何言。」

然後，就閉上眼睛，溘然長逝。這一年，王陽明五十七歲。

## 07

王陽明一生都很倒楣，但是他都能把逆境轉化為順境。他好幾次遇到危險，都能夠化險為夷。為什麼他能做到呢？

我覺得他的〈啾啾吟〉這首詩透露了其中的祕密：

知者不惑仁不憂，君胡戚戚眉雙愁？信步行來皆坦道，憑天判下非人謀。用之則行舍即休，此身浩蕩浮虛舟。丈夫落落掀天地，豈顧束縛如窮囚！千金之珠彈鳥雀，掘土何煩用鐲鏤？君不見東家老翁防虎患，虎夜入室銜其頭？西家兒童不識虎，執竿驅虎如驅牛。癡人懲噎遂廢食，愚者畏溺先自投。人生達命自灑落，憂讒避毀徒啾啾。

大意是：智者沒有什麼疑惑的，仁者沒有什麼擔憂的，為什麼要像個小人那樣患得患失呢？坦坦蕩蕩地信步走去，一切都聽從天命的安排。有機緣就做一番事業，沒有機緣也不強求，就像小舟遨遊在浩瀚的太虛；大丈夫在天地間光明磊落，怎麼能夠像個囚徒那樣畏首畏尾？再貴重的珠寶也可以用來打鳥玩，再鋒利的寶劍也可以用來種田。東邊的老頭天天害怕老虎，天天防著老虎，老虎卻在夜裡進了房間把他吃掉了。而西邊的一個小孩完全不知道老虎是什麼，完全沒有怕的意識，結果趕著老虎像趕著牛。愚笨的人害怕被噎死，於是害怕吃東西，結果活活餓死了。愚昧的人總是害怕被水淹死，結果自己掉在水裡淹死了。人生要順應天命，別人的譭謗就當作鳥在嘰嘰喳喳。

這首詩寫作的時間是一五二〇年，王陽明平定了朱宸濠的叛亂，卻陷入被陷害的兇險境地。那一年，王陽明在南昌練兵，他的學生提醒他：朝廷中奸人正想找藉口迫害你，這個時候練兵很危險。但王陽明謝絕了學生的好意，覺得君子坦蕩蕩，有什麼好害怕的呢？還寫了這首〈啾啾吟〉，作為一個回答。

王陽明要表達的，是一個很深刻的哲學。但另一方面，他講的確實是一個普遍的心理現象。

日本企業家稻盛和夫的自傳裡有一個例子。稻盛和夫少年時代，有一次，他的叔叔得肺病住院。他很害怕被傳染，結果還是染上了肺病。而他的父親明知會傳染，還是堅持照顧自己的弟弟，毫不介意會不會傳染。結果平安無事。這件事給了稻盛和夫極大的觸動，他很感慨：「我拚命想要逃脫肺結核的魔掌，卻深陷其中，這不正是我這顆恐懼疾病的心招來的災難嗎？」

這種現象，在心理學上有一個術語：「墨菲定理」（Murphy's Law）。這是心理學家愛德華．墨菲（Edward A. Murphy）提出來的，有四個要點。

第一個要點，任何事都沒有表面看起來那麼簡單；第二個要點，所有的事都會比你預計的時間長；第三個要點，會出現的事總會出現；第四個要點，如果你擔心某種情況發生，那麼它就更有可能發生。

有人把這個理論簡化為：你越害怕什麼，就越有可能出現什麼。

越害怕什麼，就越有可能出現什麼，這個害怕指我們普遍有一種恐懼心理。就是當某一件事情還沒有發生的時候，未來可能有好的結果，也可能有壞的結果。我們總是害怕壞的結果出現。結果，你越是擔心，那個壞結果就越會出現。

有學者專門研究了在戰場上，哪一類士兵容易死亡，結論是越是怕死的士兵，往往死得越快。在史蒂芬・史匹柏（Steven Spielberg）導演的根據真實歷史事件改編的電視劇《諾曼地大空降》（*Band of Brothers*）裡，在殘酷的傷亡之後，指揮官首要的任務是防止士兵出現恐懼心理。恐懼心理會傳染，一旦在戰場上傳染，就會兵敗如山倒，就會出現幾百人甚至上千人被幾十個人打敗的情況。

我們到底在害怕什麼呢？大多數時候是在擔心我們不明確的未來，可能是好的，也可能是壞的。比如，考試，有可能及格，也可能考及格。再比如，去飛機場趕飛機，可能趕得上，也可能趕不上。

那麼，如何克服這種害怕的心理呢？富蘭克林講過一個很簡單的道理：如果災難沒有出現，那我們的恐懼是徒勞的；如果災難已經發生，那恐懼只會增加痛苦。

什麼意思呢？就是說當未來的結果不確定的時候，你的擔心、害怕、恐懼都是沒有意義的。

所以只有面對，才能從根本上解決害怕的心理。我們小時候都有過被狗追的經驗，你越害怕，它就越是追你咬你。如果你停下來，面對它，看著它，它也就不追你，也不敢咬你了。

美國學者蘭德爾・柯林斯（Randall Collins）從微觀社會學的角度分析過，腎上腺素是一種「要麼逃跑，要麼進攻」的荷爾蒙，一旦你發現對面的對手流露出害怕的情緒，就會湧現出進攻、屠殺的野性，攻擊弱者。你越逃，狗就越是追著咬你。你停下來，看著它，它反而害怕了。

王陽明龍場悟道，他認為參透了世間的一切，但心中還有一點對於死亡的恐懼，也就是沒有看透生死，他就做了一副棺材，每天在棺材旁打坐，面對死亡。

日本劍術高手反町無格有一次走入深山，到了斷崖邊。有一條狹窄的獨木橋通向對面的山峰，橋下是萬丈深淵。他試著走了幾步，感到頭暈目眩，心驚肉跳，又退回原地。這時，一位盲眼的老人拄著木杖緩緩而來。到了橋邊，老人毫不猶豫地走上去，步態從容，一直走到了對面。

反町無格看著這位老人的身影，突然得到一種啟示：當一個人對外界的一切視而不見，甚至根本不去看的時候，才能盡情發揮自我。於是，他把劍插在背後，閉著眼睛，坦然走上獨木橋。橋下的萬丈深淵不見了，只剩下一片澄明的心境，他安然走到對面。從這一次的經驗中，無格又悟出了一個劍術道理：在格鬥中，劍手的眼睛其實是一大障礙。劍道的極致在於「無眼」，不受眼睛所接觸到的資訊影響，而心無所礙地發揮自己的技能。

在王陽明的詩歌裡，這種「無眼」其實就是無心。

無心，不是說沒有這顆心，而是不管外界怎麼樣，心裡面全部是善念的自然流露，全部是天理的自然流露，那麼，面對再危險再困難的事情，都不會產生恐懼心。都會充滿勇氣，而不是怯懦。怯懦、恐懼，會扼殺我們發現美好事物的能力。

王陽明的一生，印證了英國哲學家詹姆斯·埃倫（James Allen）的一句話：「心術不正的人因為害怕失敗而不敢涉足的領域，心靈純潔的人隨意踏入就輕易獲勝。原因是，心靈純潔的人總是氣定神閒，他們總是以更為明確、更強有力的目的意識來引導自己能量發揮的方向。」

# 08

晚年王陽明寫信給兒子，總結自己一生講學：「我平生講學，只是『致良知』三個字。」

王陽明還寫了給學生的〈詠良知四首示諸生〉：

個個人心有仲尼，自將聞見苦遮迷。而今指與真頭面，只是良知更莫疑。
問君何事日憧憧？煩惱場中錯用功。莫道聖門無口訣，良知兩字是參同。
人人自有定盤針，萬化根源總在心。卻笑從前顛倒見，枝枝葉葉外頭尋。
無聲無臭獨知時，此是乾坤萬有基。拋卻自家無盡藏，沿門持缽效貧兒。

學生南大吉做紹興知府的時候，有一次問王陽明：「我做官一定犯過很多的錯，您為什麼從來沒有提醒過我？」

王陽明就問：「你犯過什麼錯呢？」

南大吉就把自己的錯誤一一列舉了出來。王陽明聽完，就說：「這些我都提醒過你的啊。」

南大吉很吃驚，說：「老師您可能記錯了，這些您真的沒有提醒過我。」

王陽明就問：「如果我沒有提醒過，那你是怎麼知道自己犯了錯呢？」

南大吉回答：「都是良知告訴我的。」

王陽明就說：「我不是經常在講良知嗎？」南大吉聽了會心一笑。

過了一段時間，南大吉覺得自己又犯了很多錯誤，對王陽明說：「與其等我犯了錯再悔改，不如老師您見我要犯錯的時候就提醒一下。」

王陽明回答：「自我反省的效果，遠遠好於別人的勸告。」

南大吉覺得很有道理。

又過了一段時間，南大吉又發現自己有更多的錯誤，問王陽明：「做錯了事，改正還比較容易，但心裡出現錯誤，不知道怎麼去改正。」

王陽明開導他：「心就像鏡子，沒有打磨和清洗的時候，容易沾惹灰塵。要是心的鏡子明亮了，哪怕只飄來一粒塵埃，在光潔的鏡面上也很難沾住。這是成聖的關鍵，你要繼續努力。」

## 09

法國著名的哲學家雷蒙・阿隆（Raymond Aron）剛剛迷上現象學的時候，有一次和沙特（Jean-Paul Sartre）、西蒙・德・波娃（Simone de Beauvoir）在「煤氣燈」咖啡館聊天。聊哲學，也聊人生的意義。

阿隆突然對沙特說：「其實，探究來探究去，我們把時間浪費在了扯不清的問題上，而忘了最重要的問題，就是存在（being）的問題。存在的問題是什麼呢？是回到事物本身。怎麼樣才是回到事物本身呢？比如，此刻，我們沒有必要去扯那些很高大上但沒有什麼用的東西，我們不如談談眼前這杯雞尾酒，談談這杯雞尾酒對我自己有什麼意義，所有的哲學，其實都在我們眼前這杯雞尾酒裡。」

四十年後，沙特談到當時聽阿隆講雞尾酒時說：「我好像挨了當頭一棒。」

沙特大概沒有讀過王陽明的《傳習錄》，也沒有讀過中國的禪宗。王陽明在《傳習錄》裡，回答學生提問時常常給人當頭一棒。

給你一棒，是要把你拉回到當下。有一個人問禪師：「什麼是佛法大義？」禪師問：「你剛才在做什麼？」那人回答：「我剛剛吃完飯。」禪師就說：「那你趕緊洗碗去吧。」

不要瞎琢磨了，不要在概念裡瞎琢磨了，不要在別人的規則裡瞎琢磨了。生命的答案就在此時此刻的行動之中。

王陽明說：「如果我遵循了我內心的良知，覺得這個事情不應該做，那麼，即使孔子說過可以做這個事，我也不會去做。」他的意思是，你自己要去創造一個你自己的世界，成為一個你應該成為的人，這是我們這一生唯一應該去做的事。王陽明一生，就完成了這一件事，而這一件事，成就了一位聖人。

高寶書版集團
gobooks.com.tw

**BK 083**
**不迷惘的心：用王陽明的 5 個減法哲學回到當下，活出清醒自由的人生**

作　　者　費　勇
主　　編　吳珮旻
編　　輯　鄭淇丰
封面設計　林政嘉
內頁排版　賴姵均
企　　劃　陳玟璇
版　　權　張莎凌

發 行 人　朱凱蕾
出　　版　英屬維京群島商高寶國際有限公司台灣分公司
　　　　　Global Group Holdings, Ltd.
地　　址　台北市內湖區洲子街 88 號 3 樓
網　　址　gobooks.com.tw
電　　話　(02) 27992788
電　　郵　readers@gobooks.com.tw（讀者服務部）
傳　　真　出版部 (02) 27990909　行銷部 (02) 27993088
郵政劃撥　19394552
戶　　名　英屬維京群島商高寶國際有限公司台灣分公司
發　　行　英屬維京群島商高寶國際有限公司台灣分公司
法律顧問　永然聯合法律事務所
初版日期　2025 年 05 月


原書名：做人：王陽明心學的真正傳習

國家圖書館出版品預行編目 (CIP) 資料

不迷惘的心：用王陽明的 5 個減法哲學回到當下，活出清醒自由的人生 / 費勇著 . -- 初版 . -- 臺北市：英屬維京群島商高寶國際有限公司臺灣分公司，2025.05
　面；　公分 . --

ISBN 978-626-402-250-7( 平裝 )

1.CST: 修身　2.CST: 生活指導　3.CST: 陽明學

192.1　　114004974